Thank You
FOR BUYING THIS BOOK

Rules are the same as in the original Hangman game, but here instead of hanging up by your neck, you get a funishment/punishment if your partner fails. Less violent, more fun!

IMPORTANT!!!

Meanwhile, the poses are based on real-life references, always seek guidance from professional riggers, before you decide to try it!

Don't ruin your funishment with injuries!

Consent from your partner and safe word is a MUST have!!!

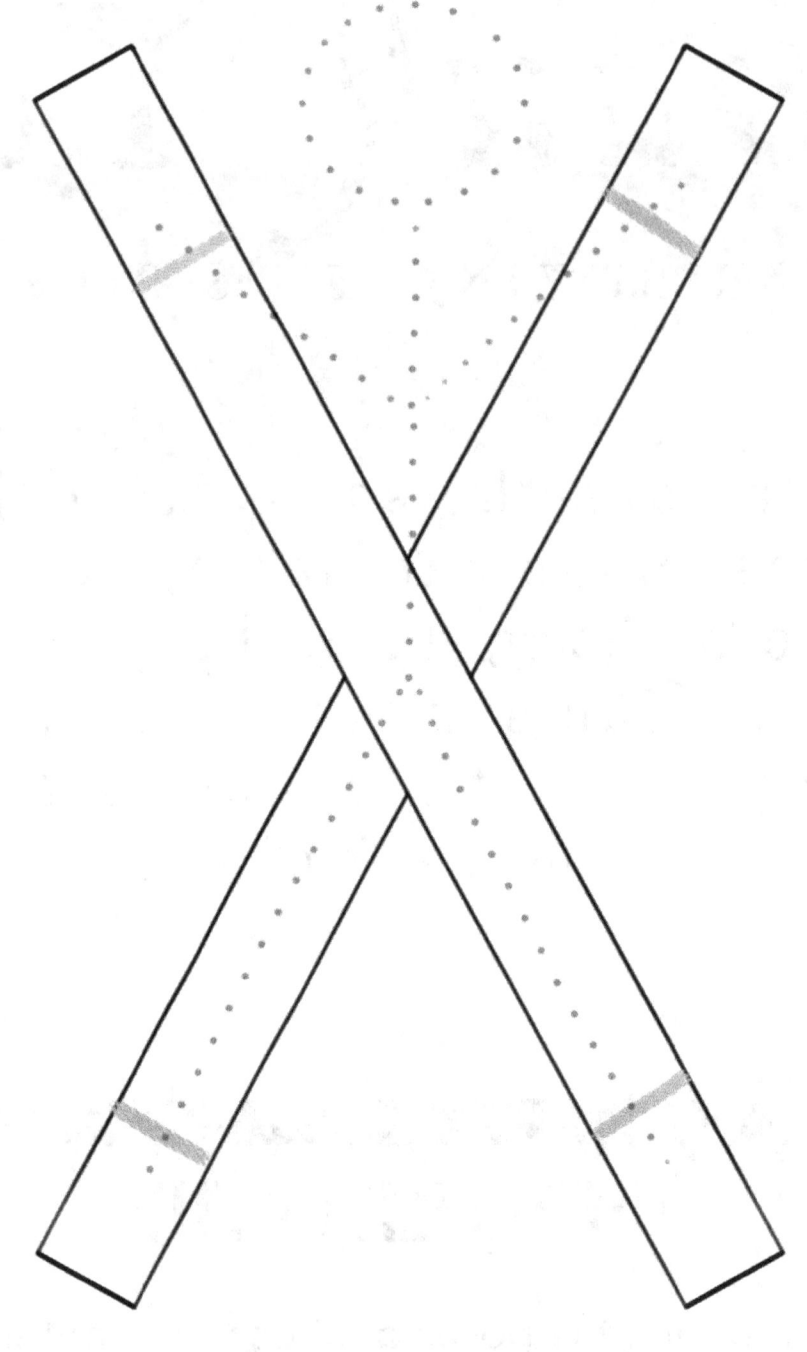

- - - - - - - - - - -
- - - - - - - - - - -

A B C D E F G H I J K L M
N O P Q R S T U V W X Y Z

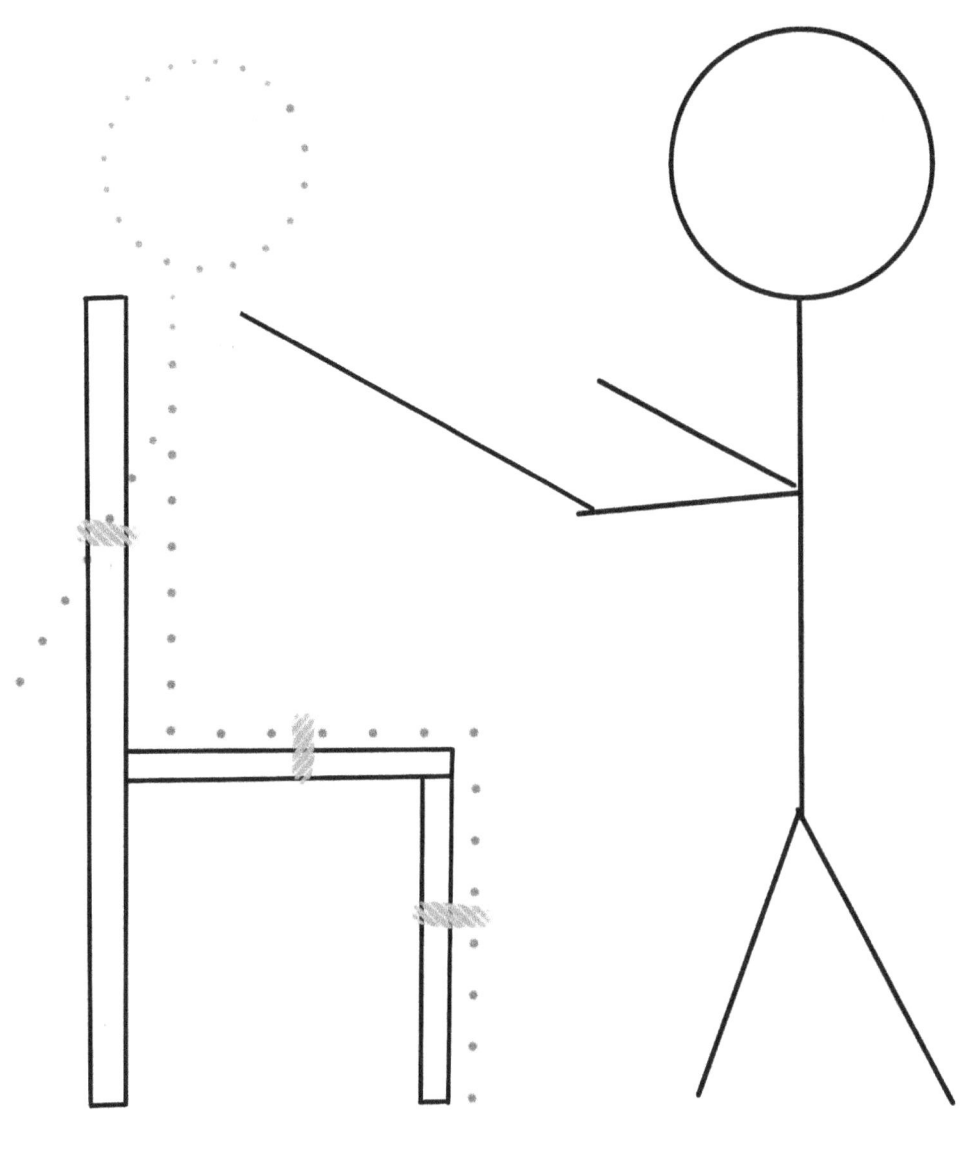

_ _ _ _ _ _
_ _ _ _ _ _ _

A B C D E F G H I J K L M
N O P Q R S T U V W X Y Z

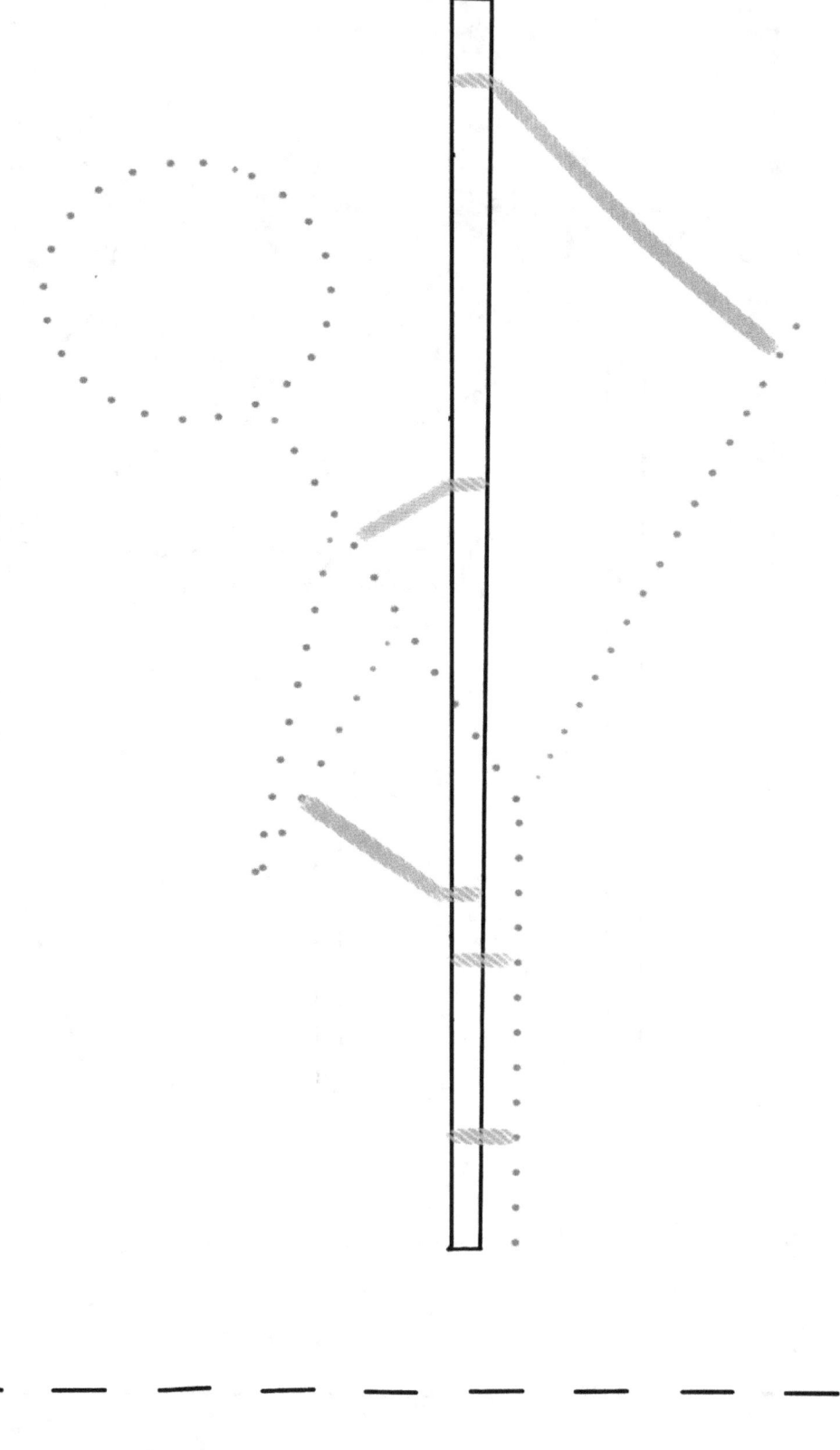

A B C D E F G H I J K L M
N O P Q R S T U V W X Y Z

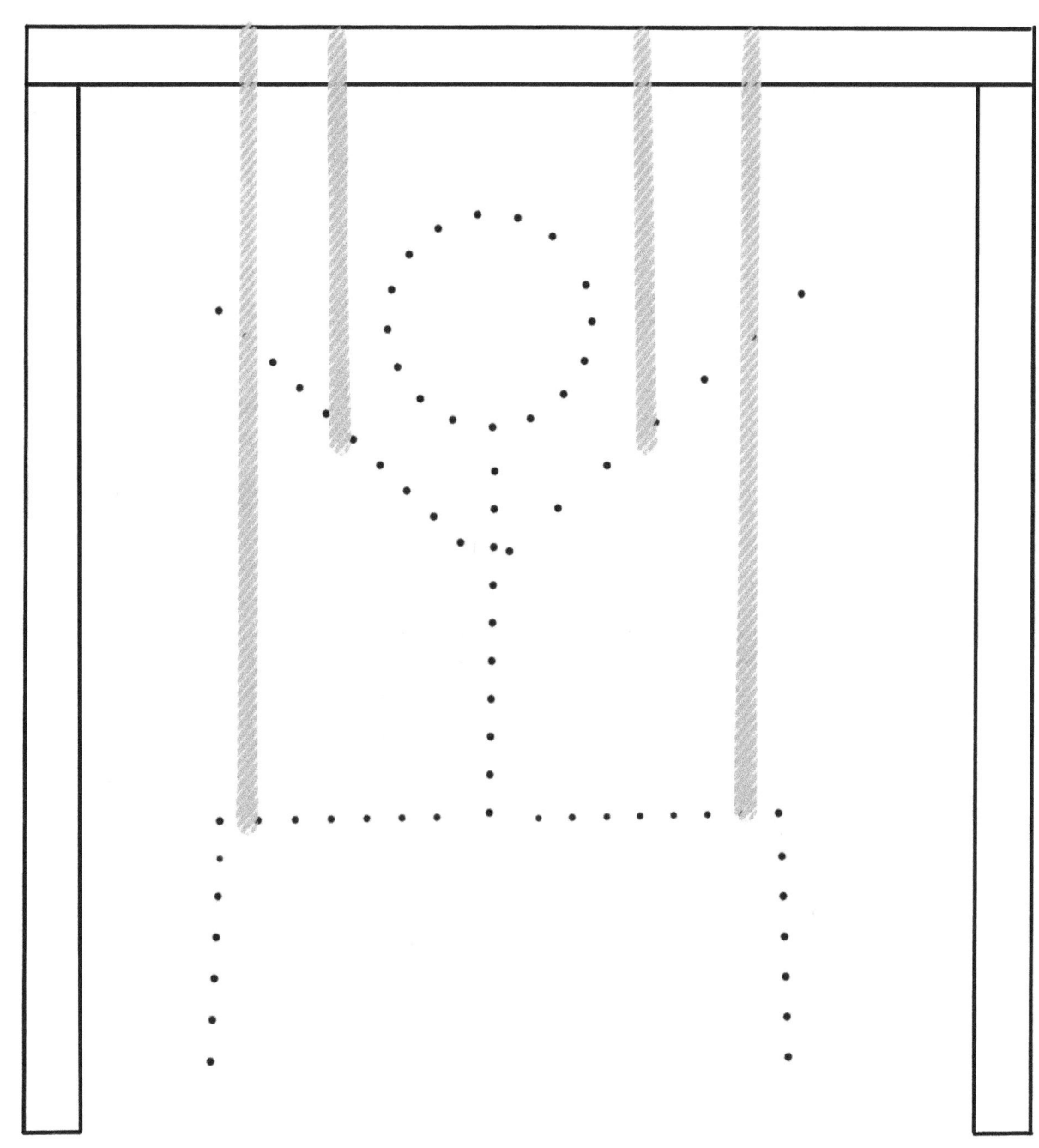

A B C D E F G H I J K L M
N O P Q R S T U V W X Y Z

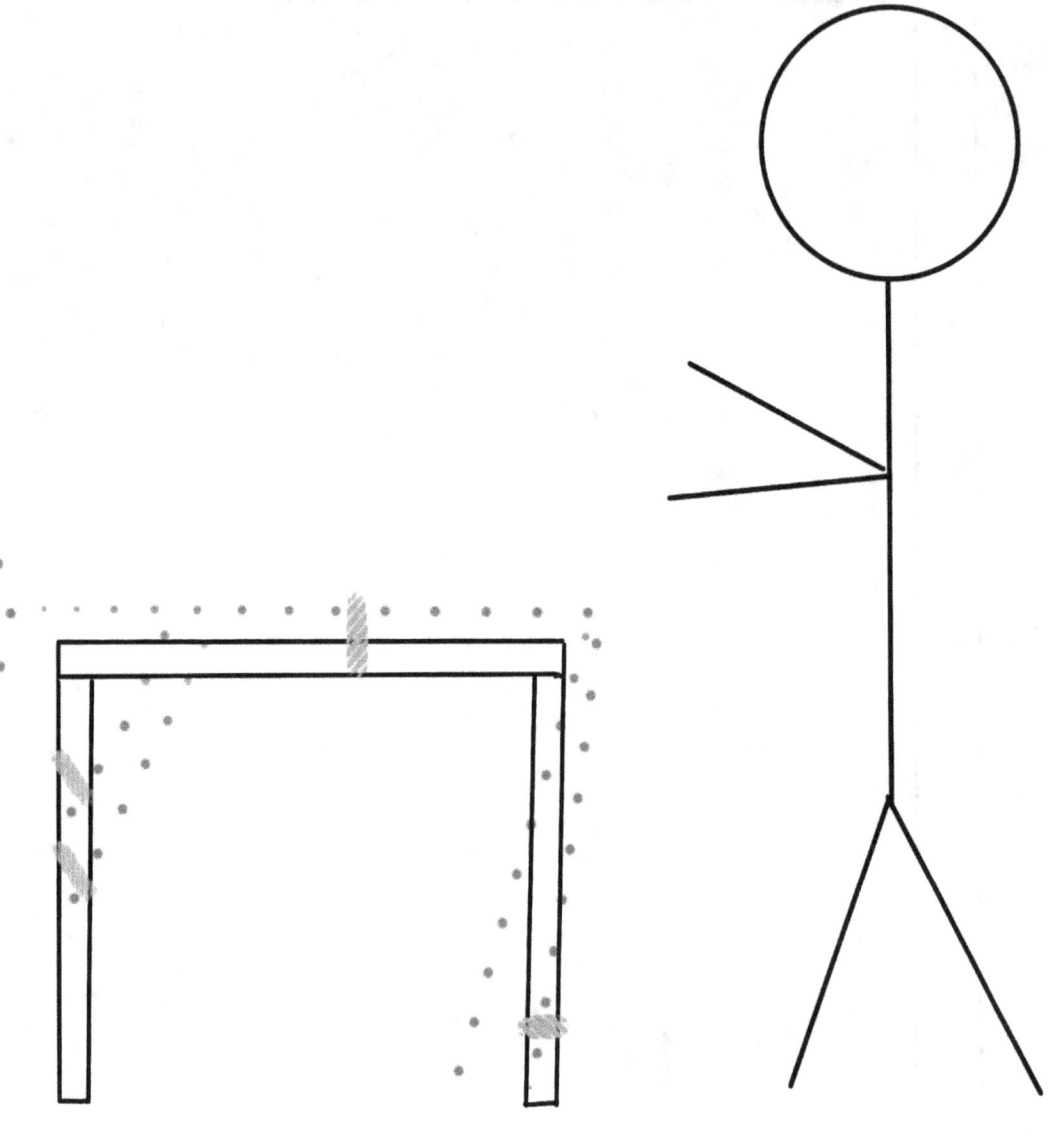

_ _ _ _ _ _ _ _

A B C D E F G H I J K L M
N O P Q R S T U V W X Y Z

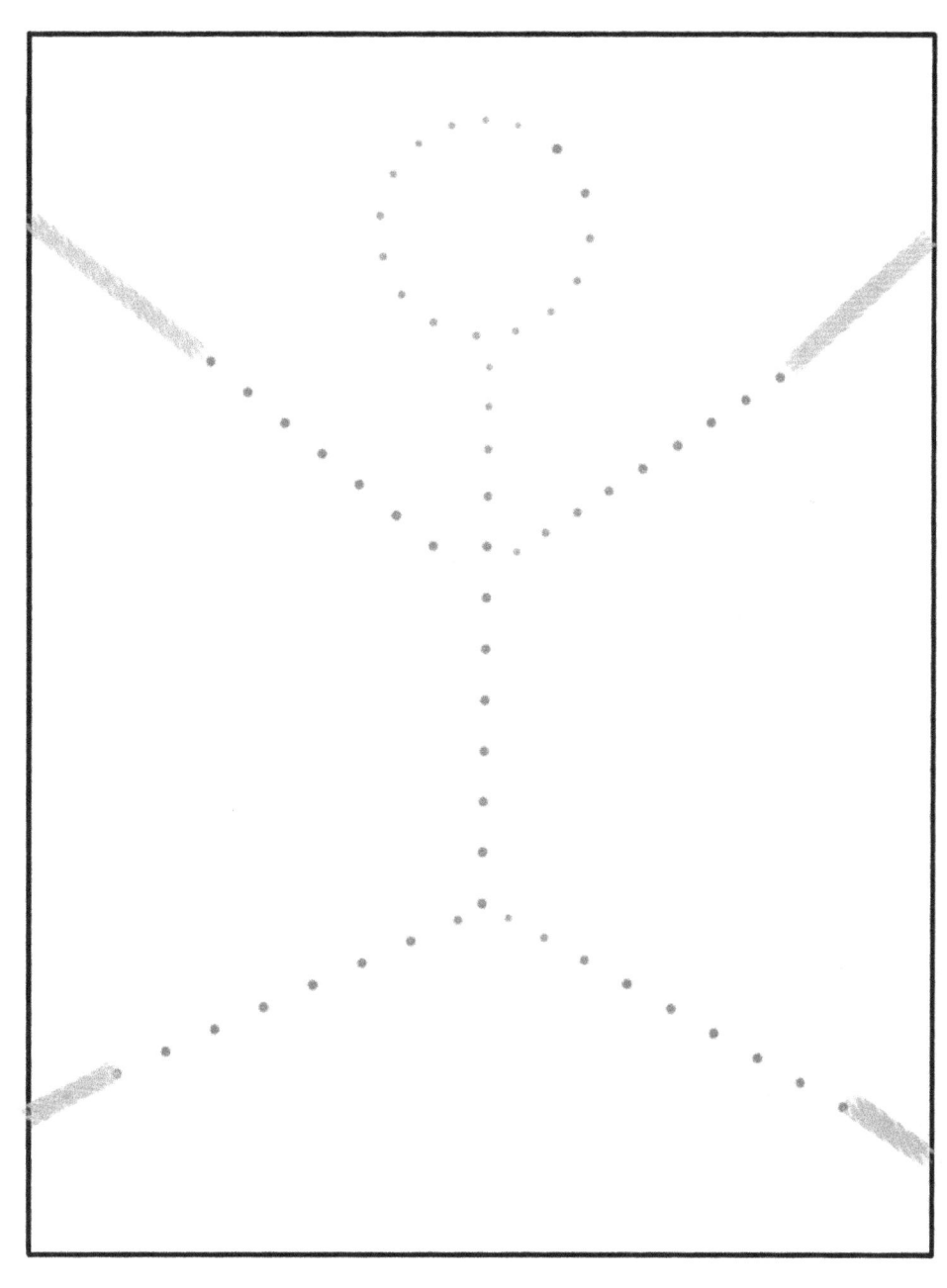

_ _ _ _ _ _

A B C D E F G H I J K L M
N O P Q R S T U V W X Y Z

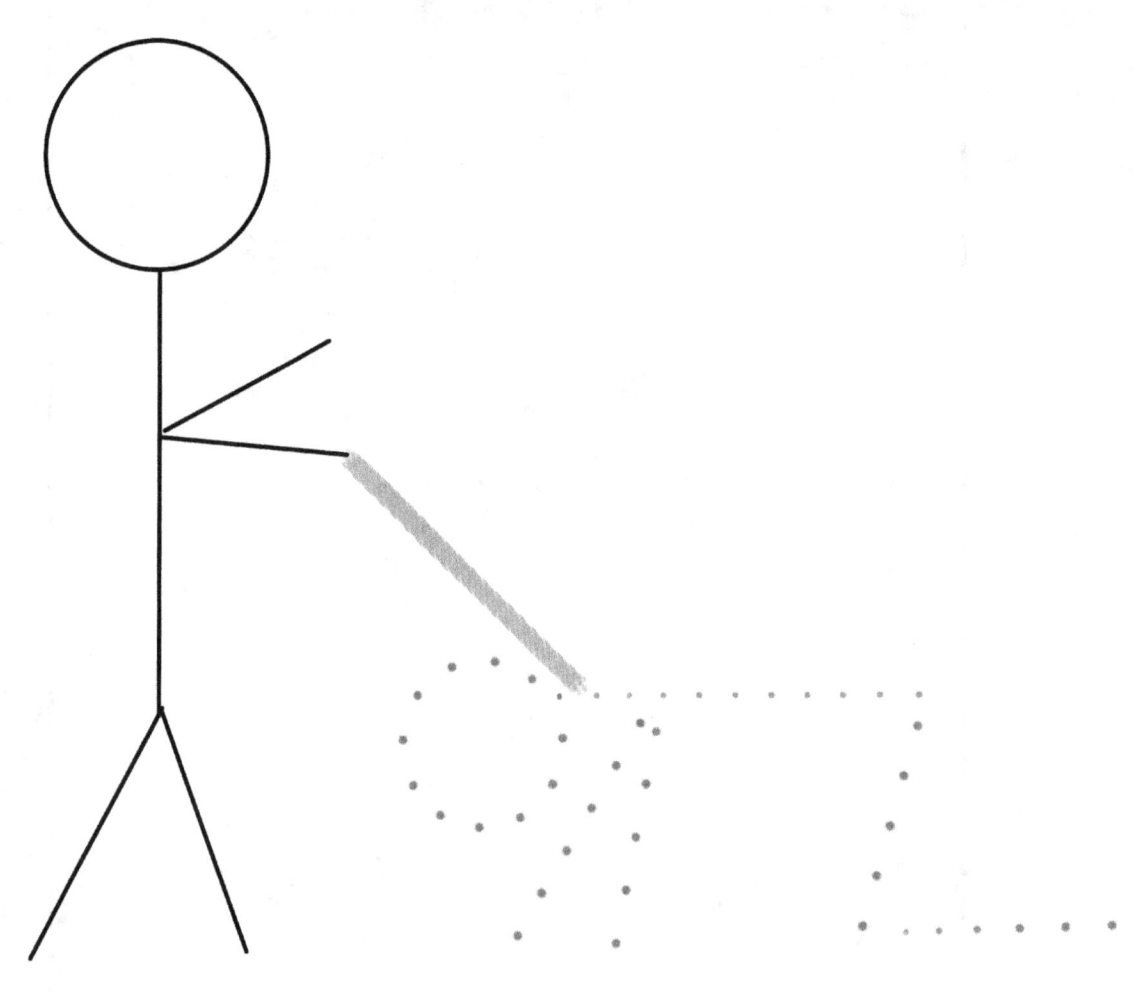

_ _ _ _ _ _ _ _ _ _ _ _ _

_ _ _ _ _ _ _ _ _ _ _ _ _

A B C D E F G H I J K L M
N O P Q R S T U V W X Y Z

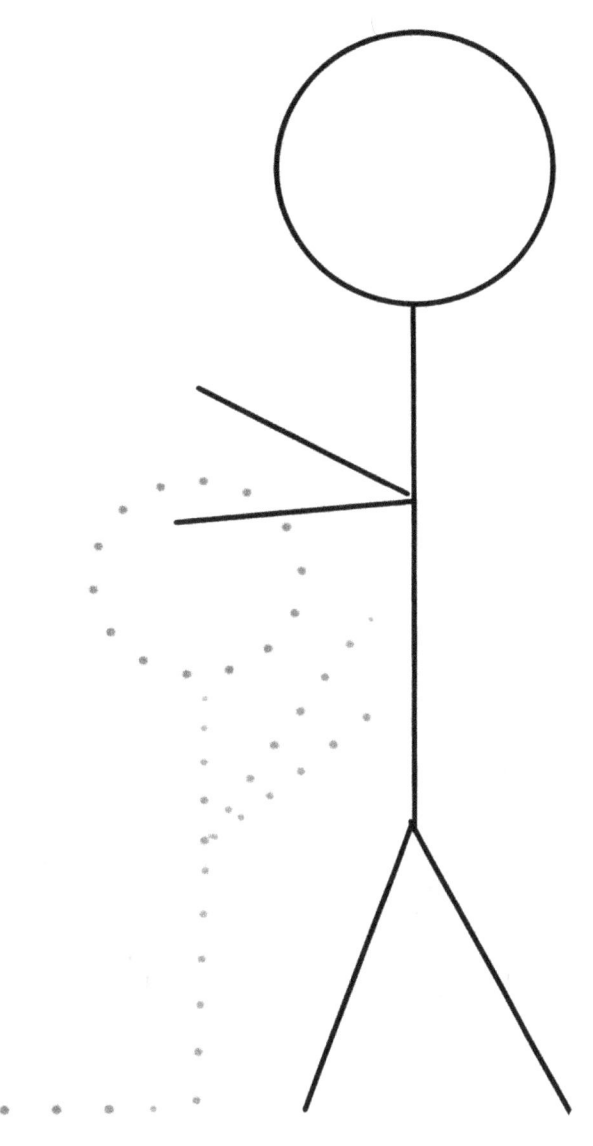

_ _ _ _ _ _ _ _ _ _ _ _ _

A B C D E F G H I J K L M
N O P Q R S T U V W X Y Z

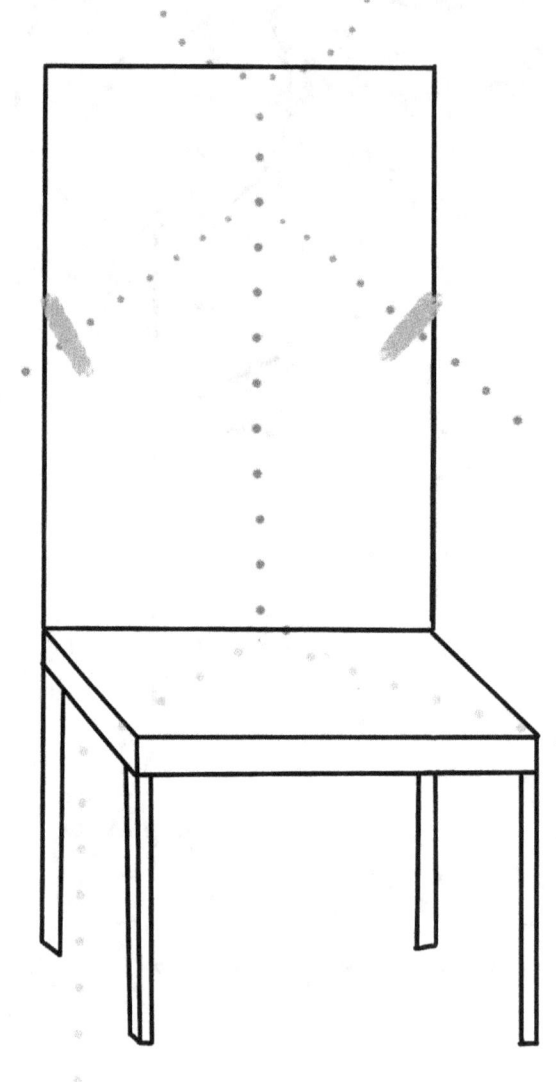

_ _ _ _ _ _ _ _ _ _ _ _

A B C D E F G H I J K L M
N O P Q R S T U V W X Y Z

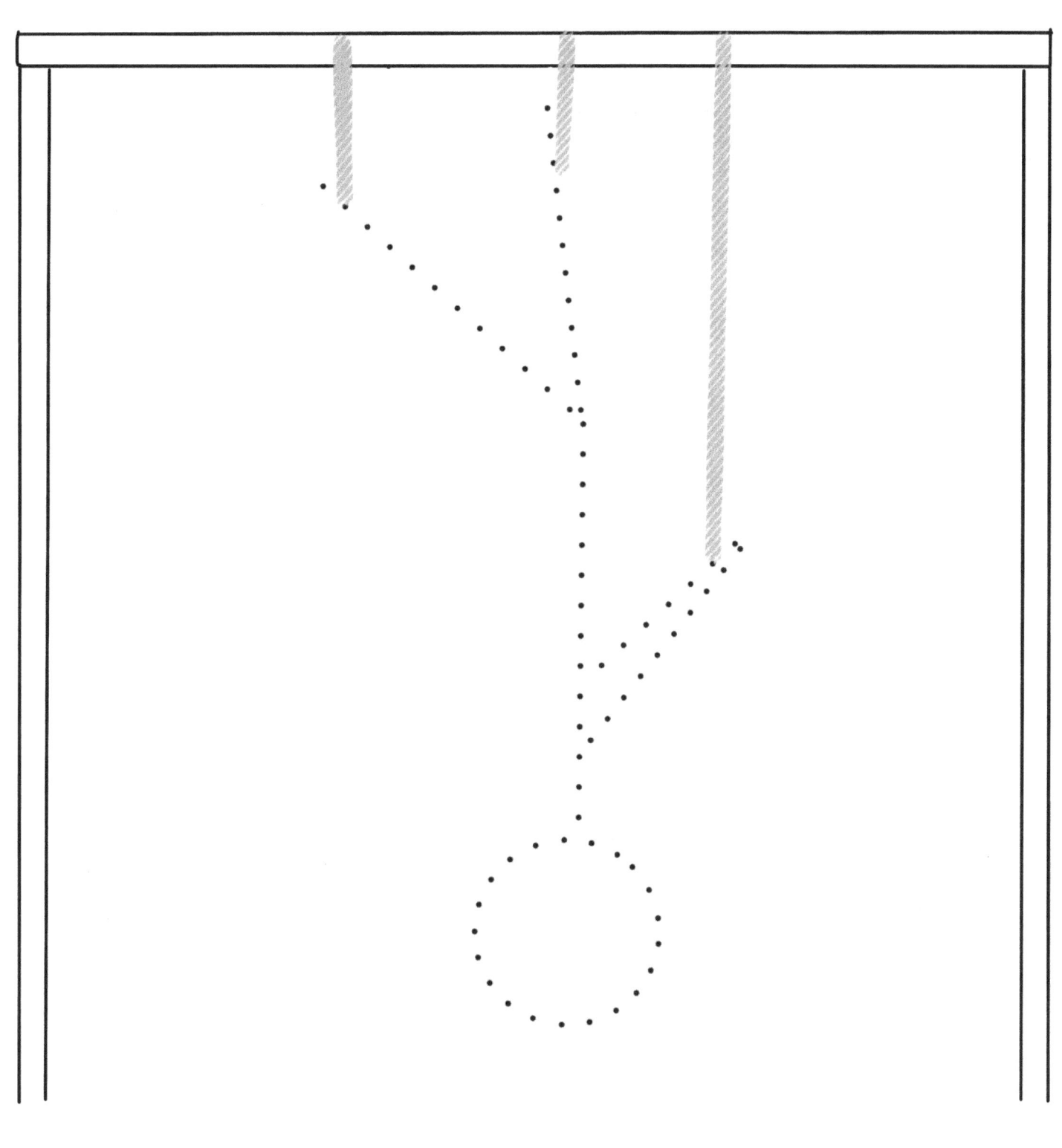

ABCDEFGHIJKLM
NOPQRSTUVWXYZ

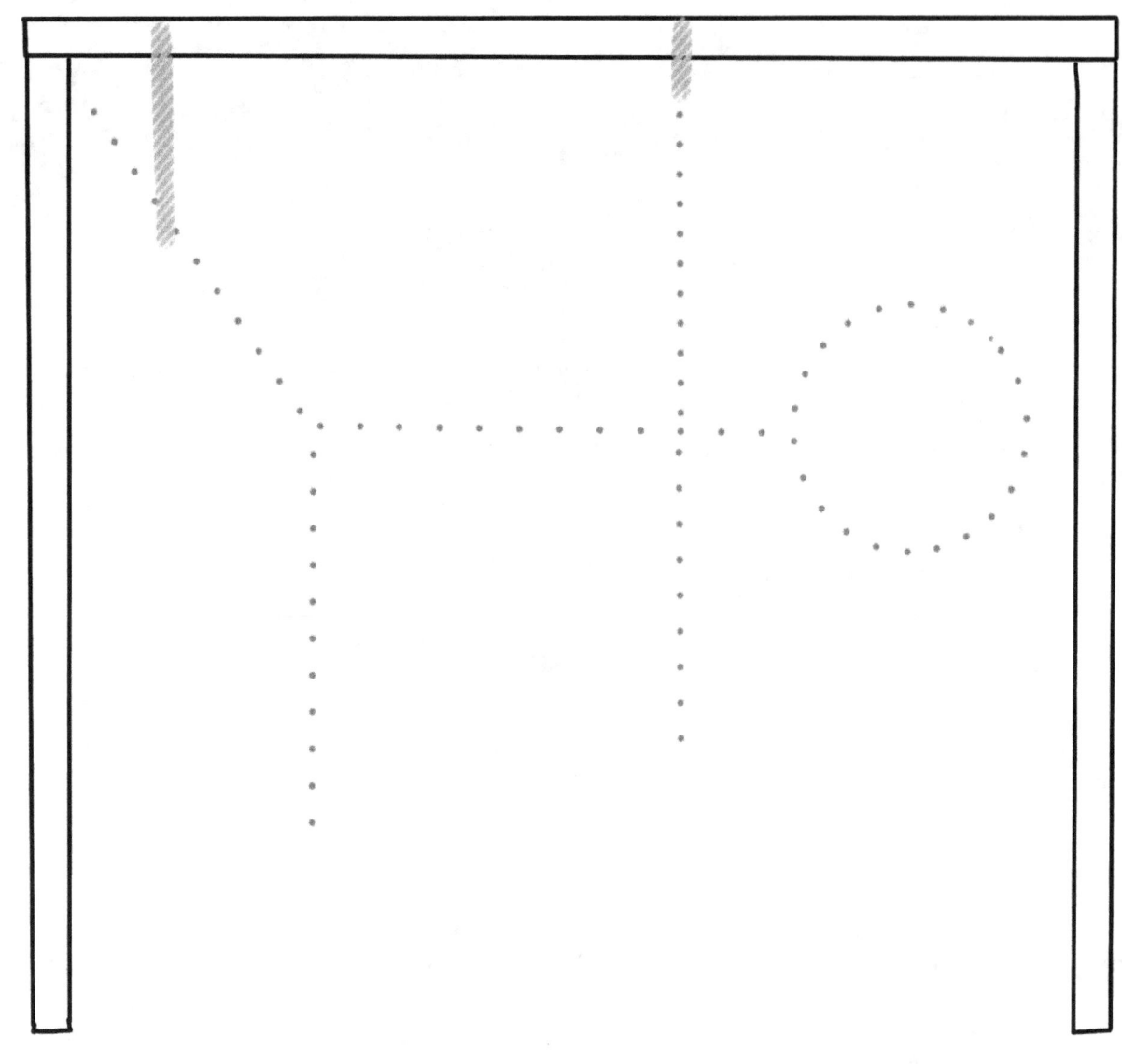

_ _ _ _ _

_ _ _ _ _

A B C D E F G H I J K L M
N O P Q R S T U V W X Y Z

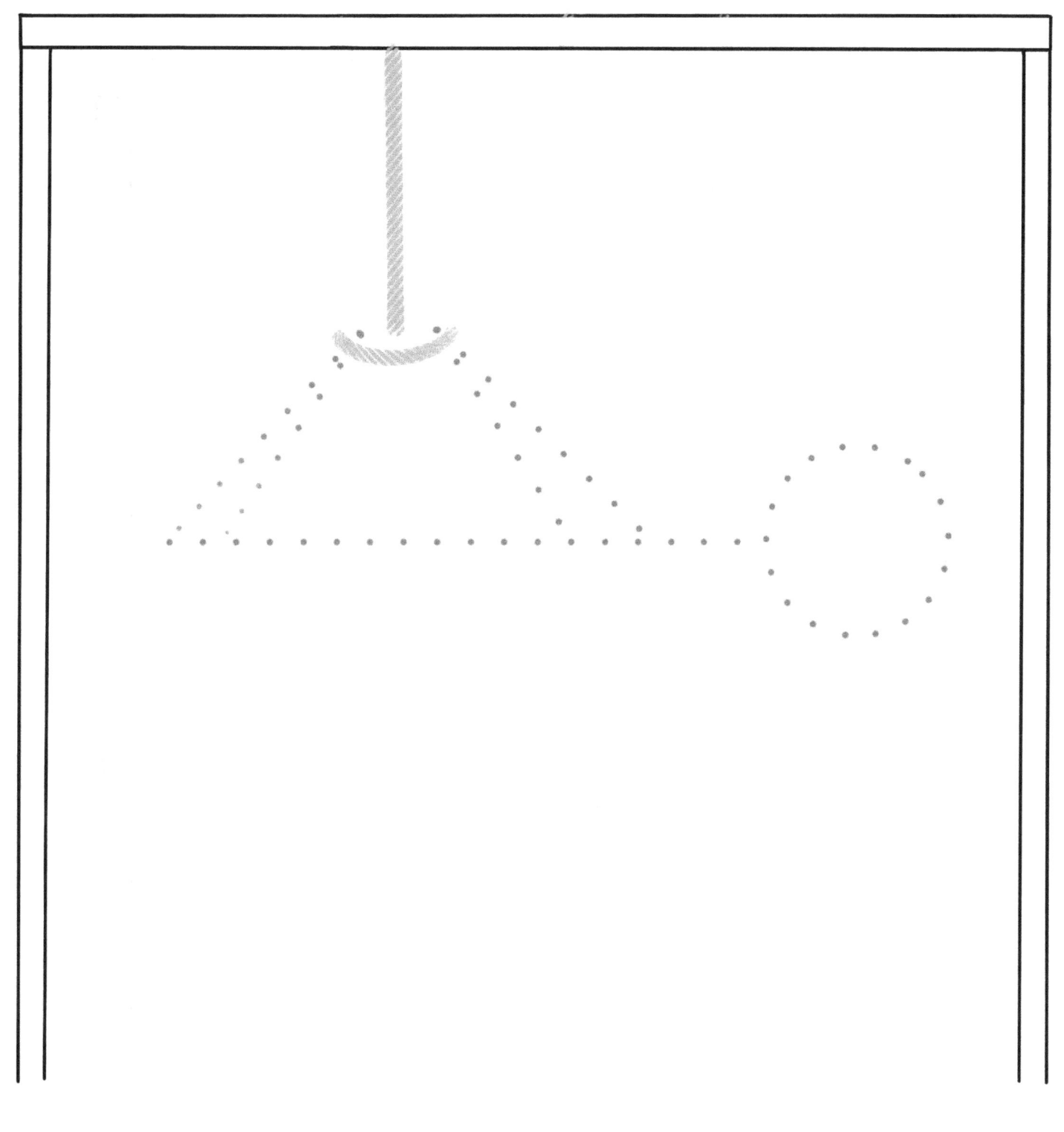

A B C D E F G H I J K L M
N O P Q R S T U V W X Y Z

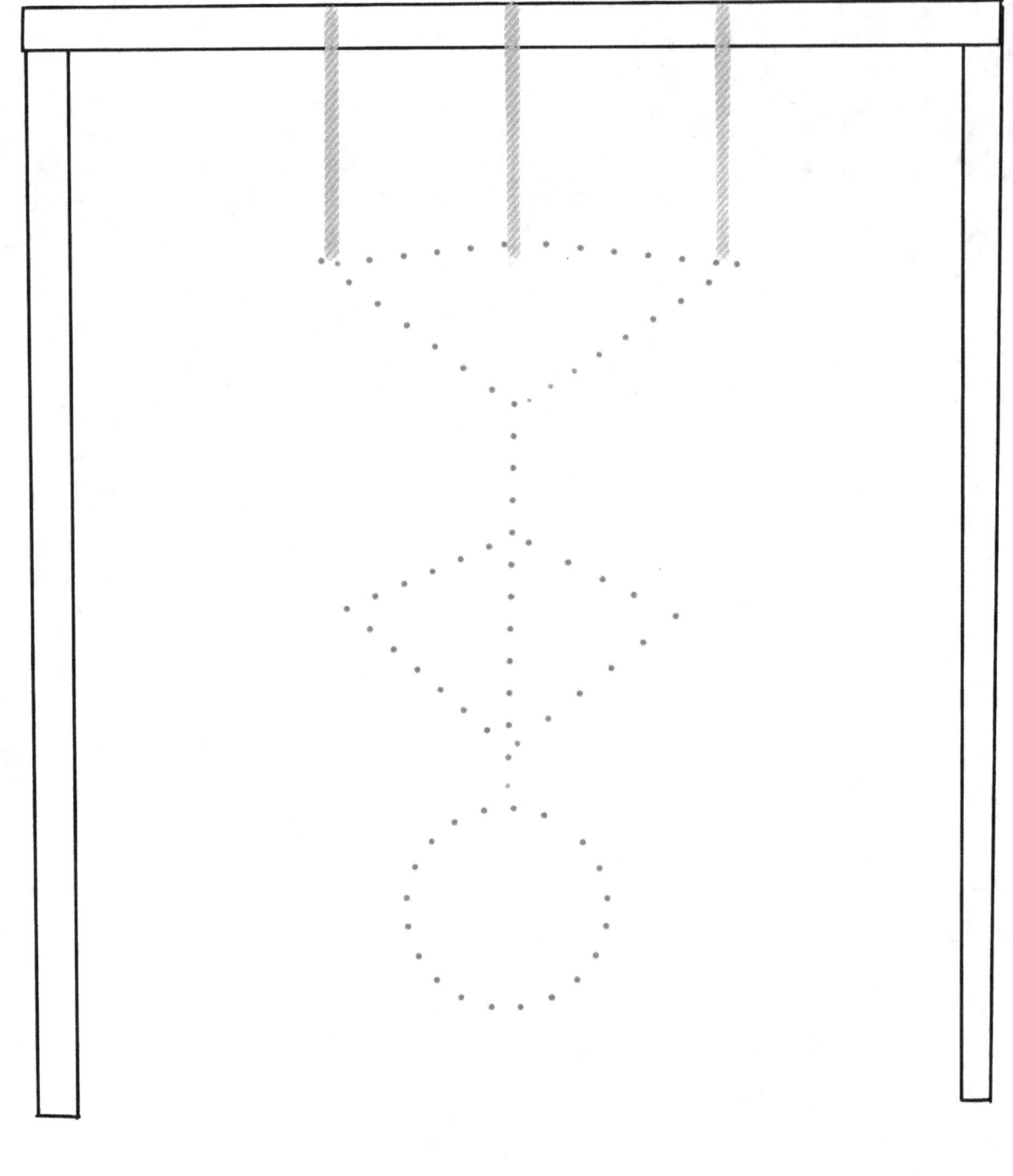

A B C D E F G H I J K L M
N O P Q R S T U V W X Y Z

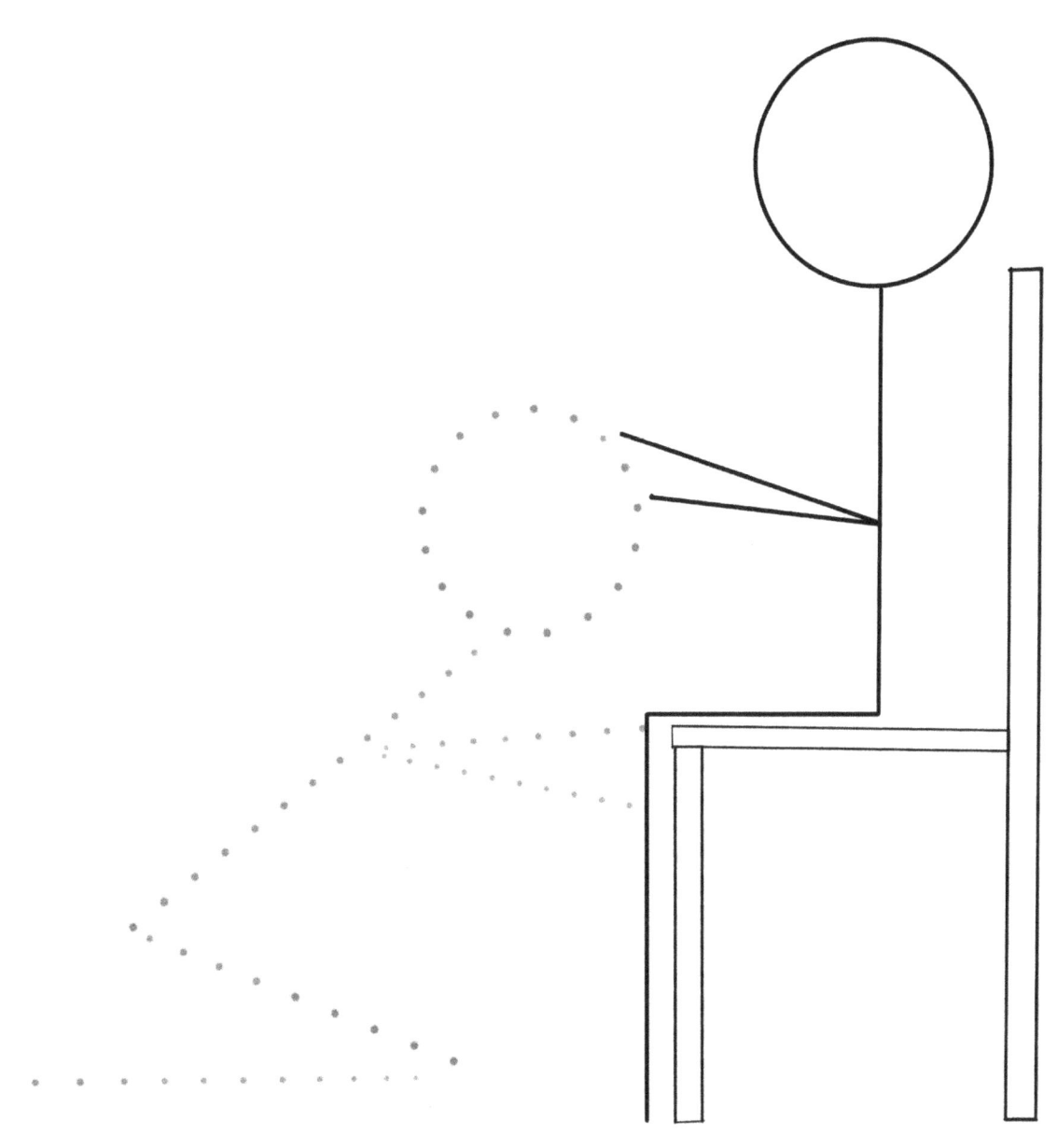

_ _ _ _ _ _

A B C D E F G H I J K L M
N O P Q R S T U V W X Y Z

- - - - - - - - - - - - -

- - - - - - - - - - - - -

A B C D E F G H I J K L M
N O P Q R S T U V W X Y Z

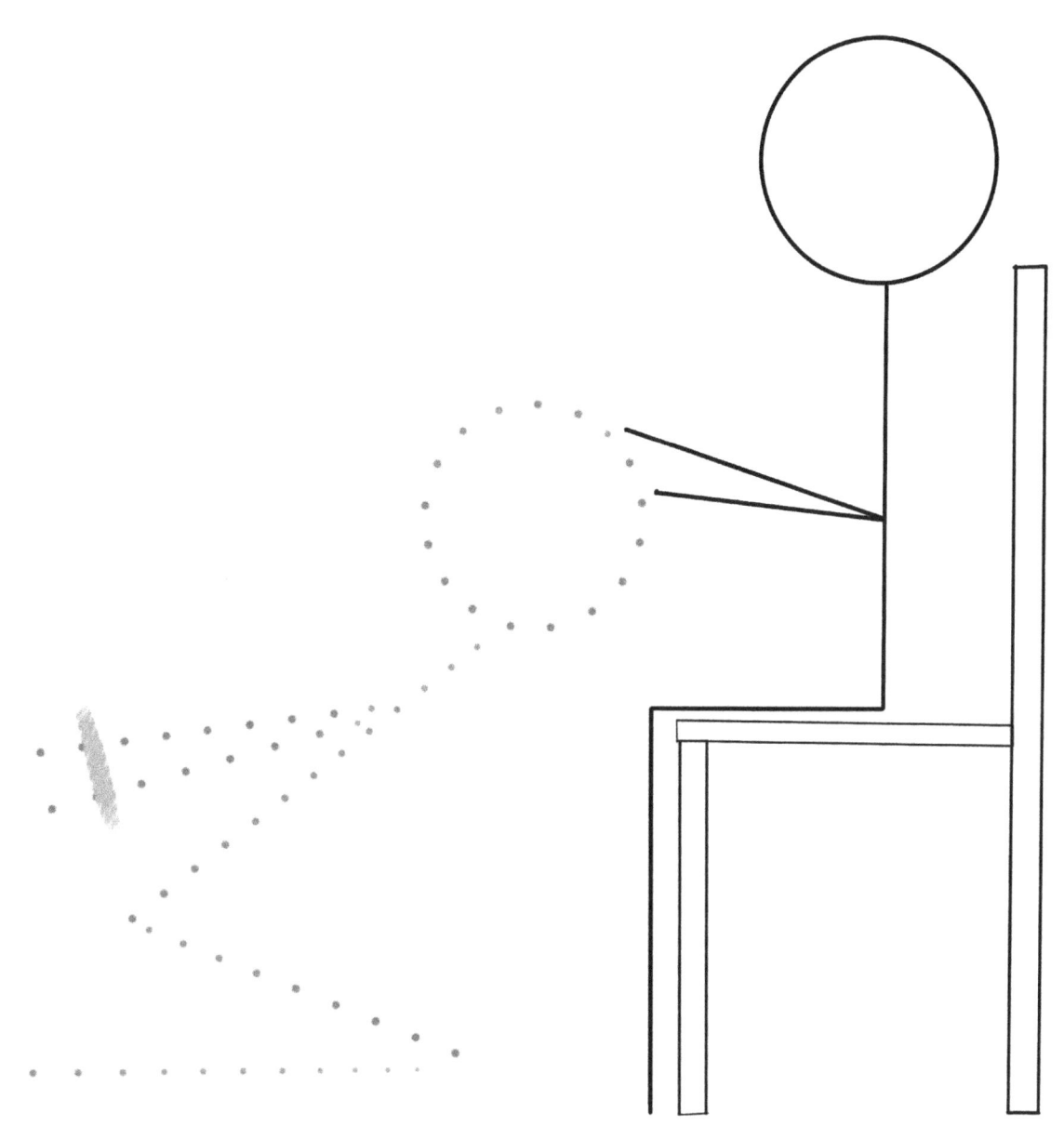

A B C D E F G H I J K L M
N O P Q R S T U V W X Y Z

_ _ _ _ _ _ _
_ _ _ _ _ _

A B C D E F G H I J K L M
N O P Q R S T U V W X Y Z

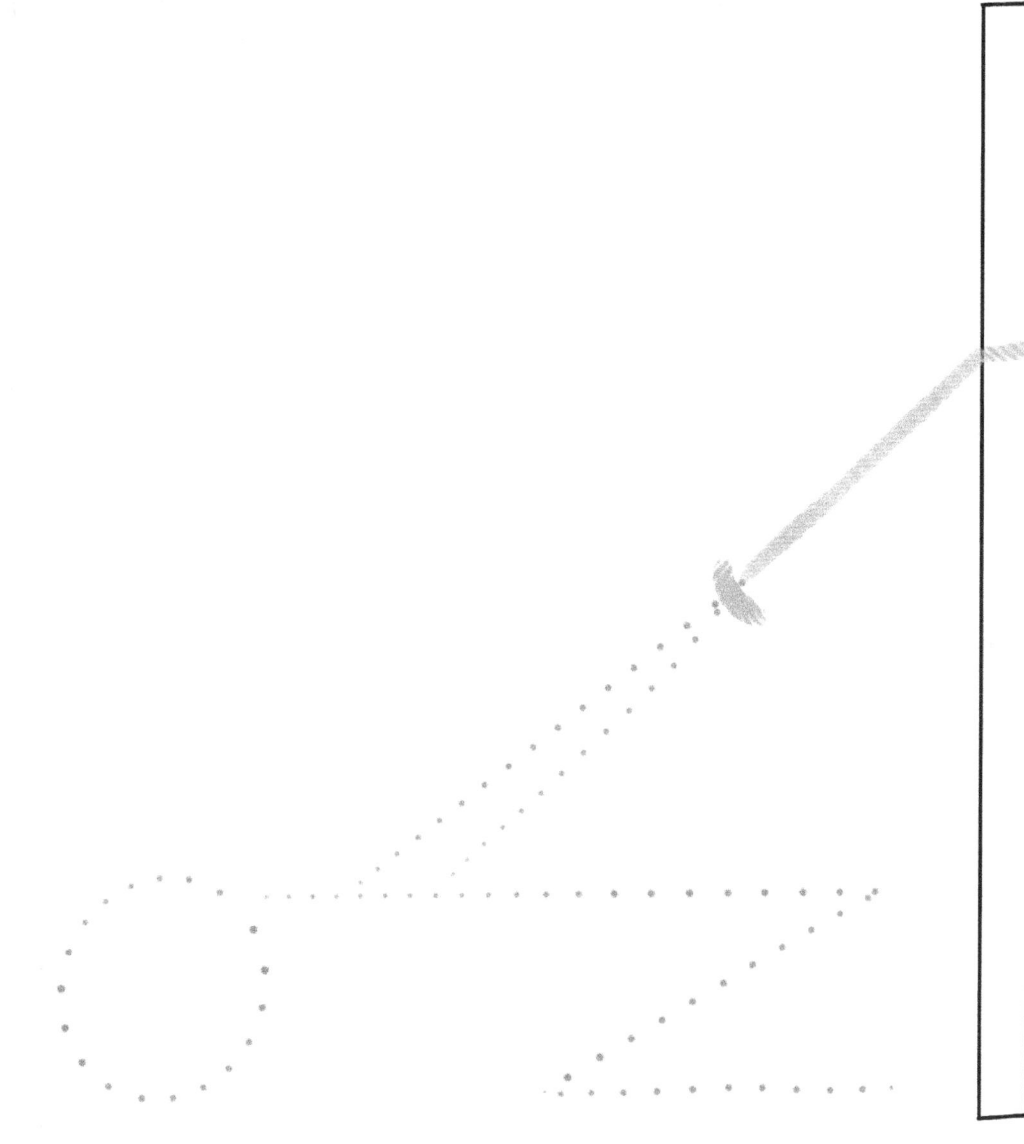

- - - - - - - - - - - - -

- - - - - - - - - - - - -

A B C D E F G H I J K L M
N O P Q R S T U V W X Y Z

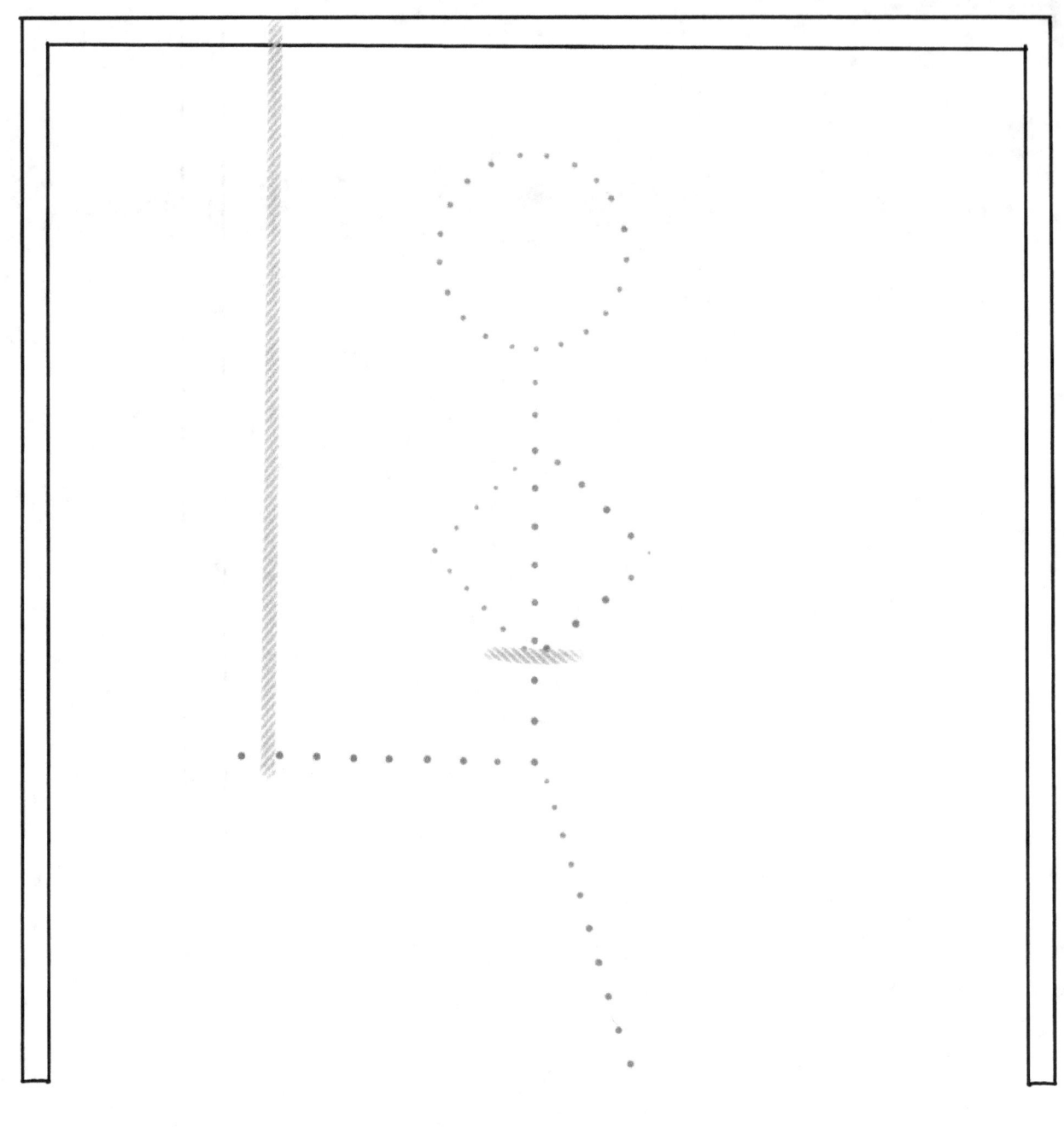

ABCDEFGHIJKLM
NOPQRSTUVWXYZ

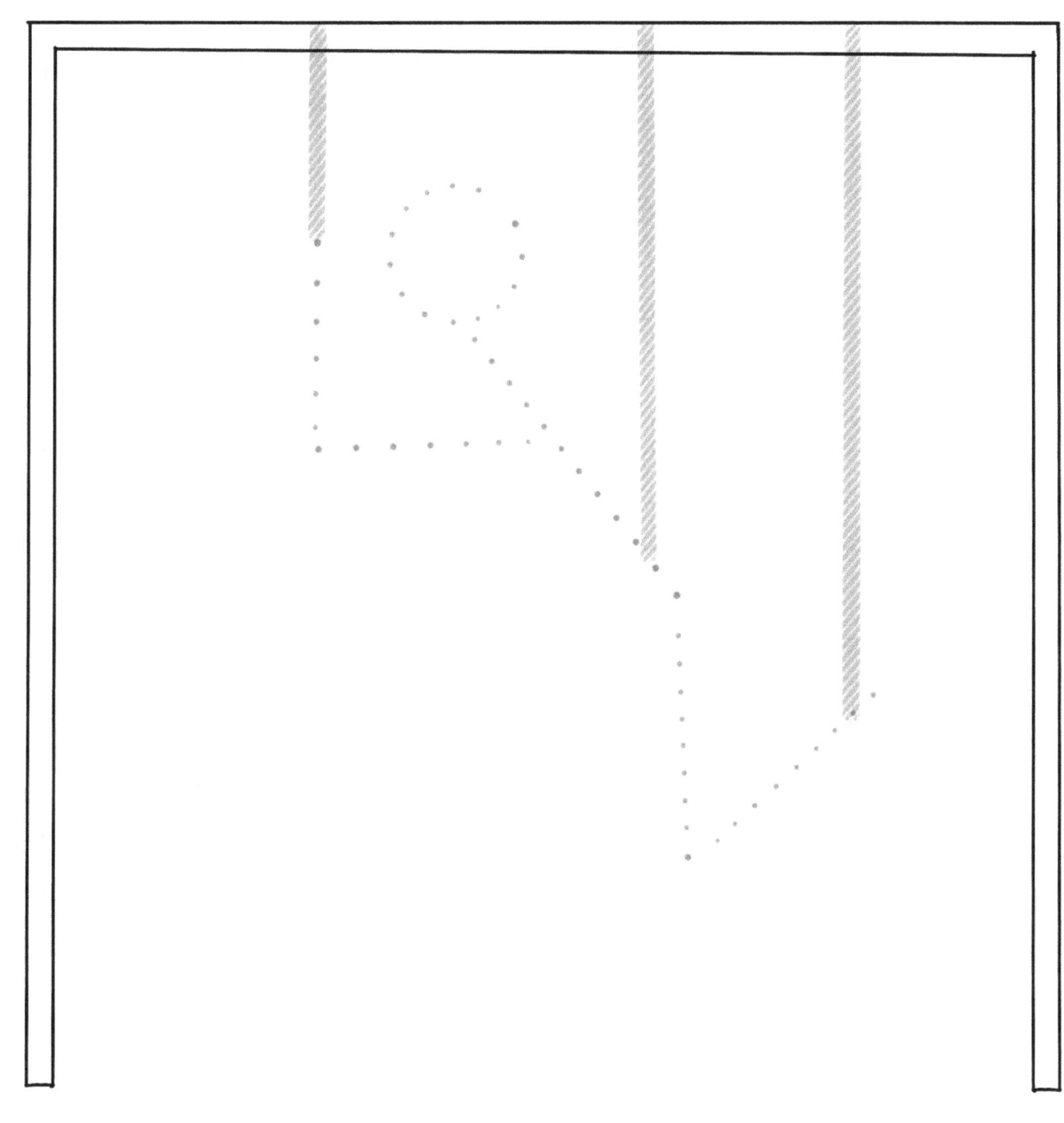

A B C D E F G H I J K L M
N O P Q R S T U V W X Y Z

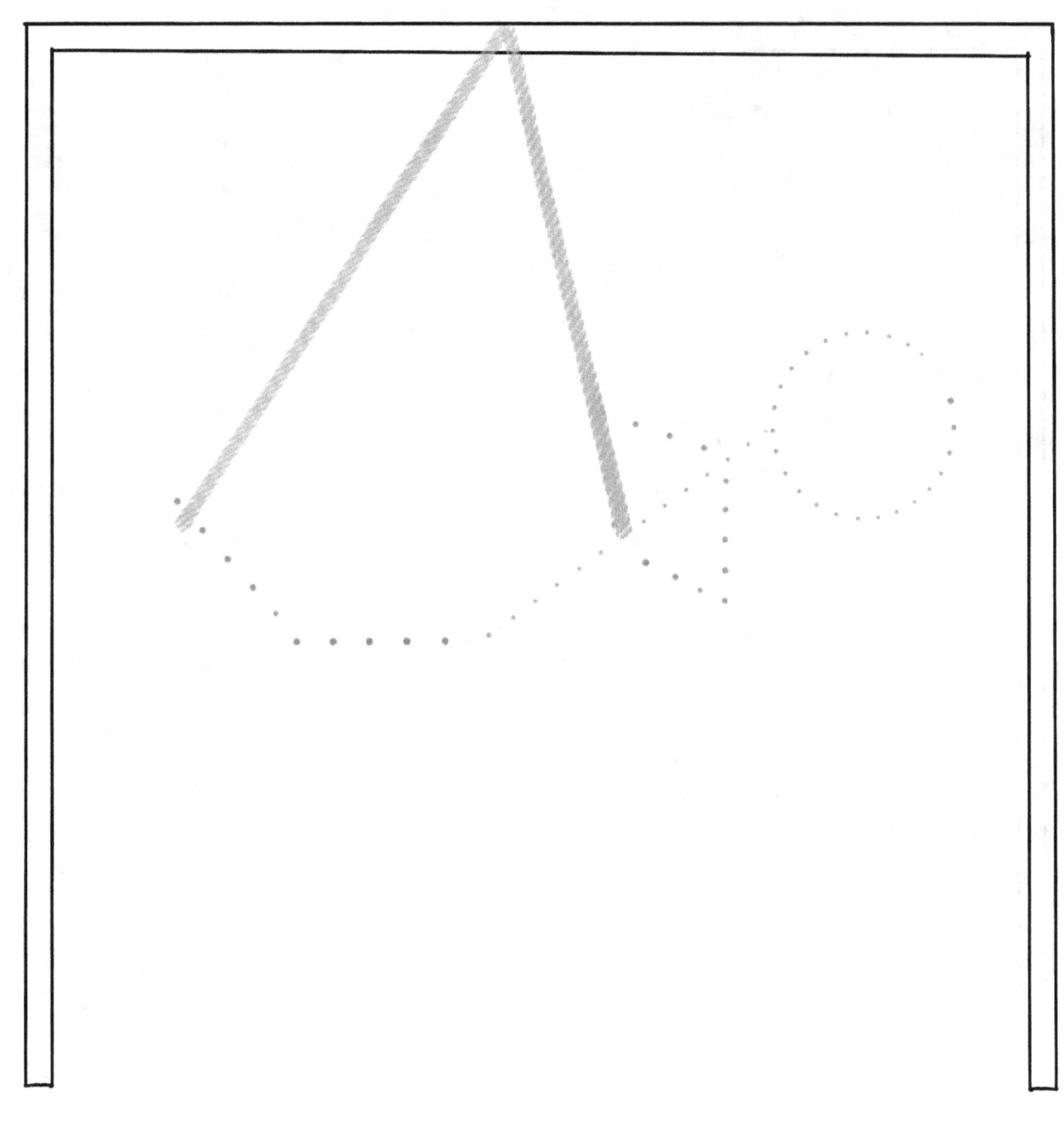

A B C D E F G H I J K L M
N O P Q R S T U V W X Y Z

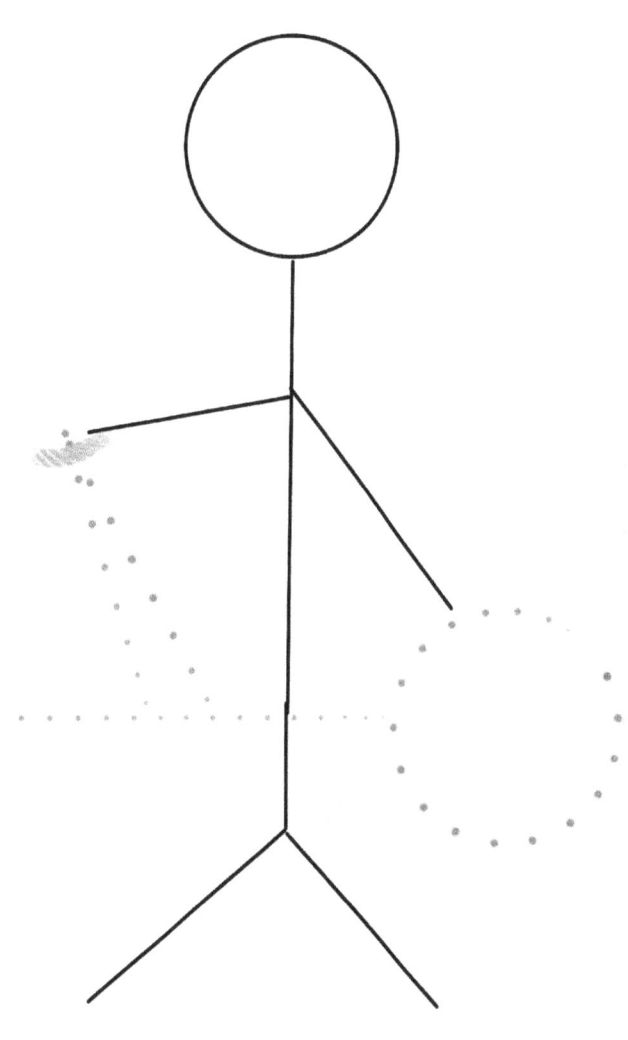

_ _ _ _

A B C D E F G H I J K L M
N O P Q R S T U V W X Y Z

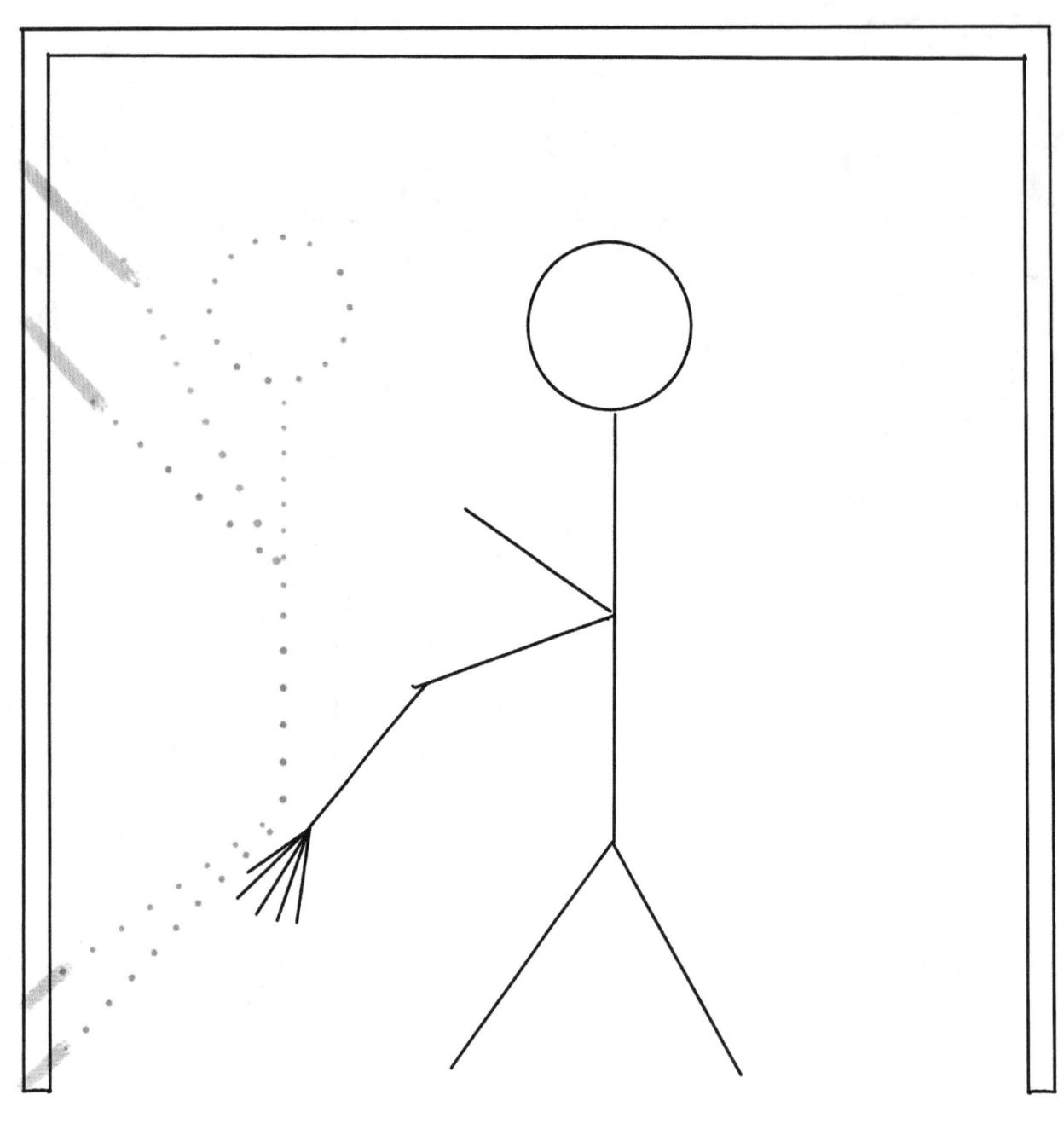

_ _ _ _ _ _
_ _ _ _ _ _

A B C D E F G H I J K L M
N O P Q R S T U V W X Y Z

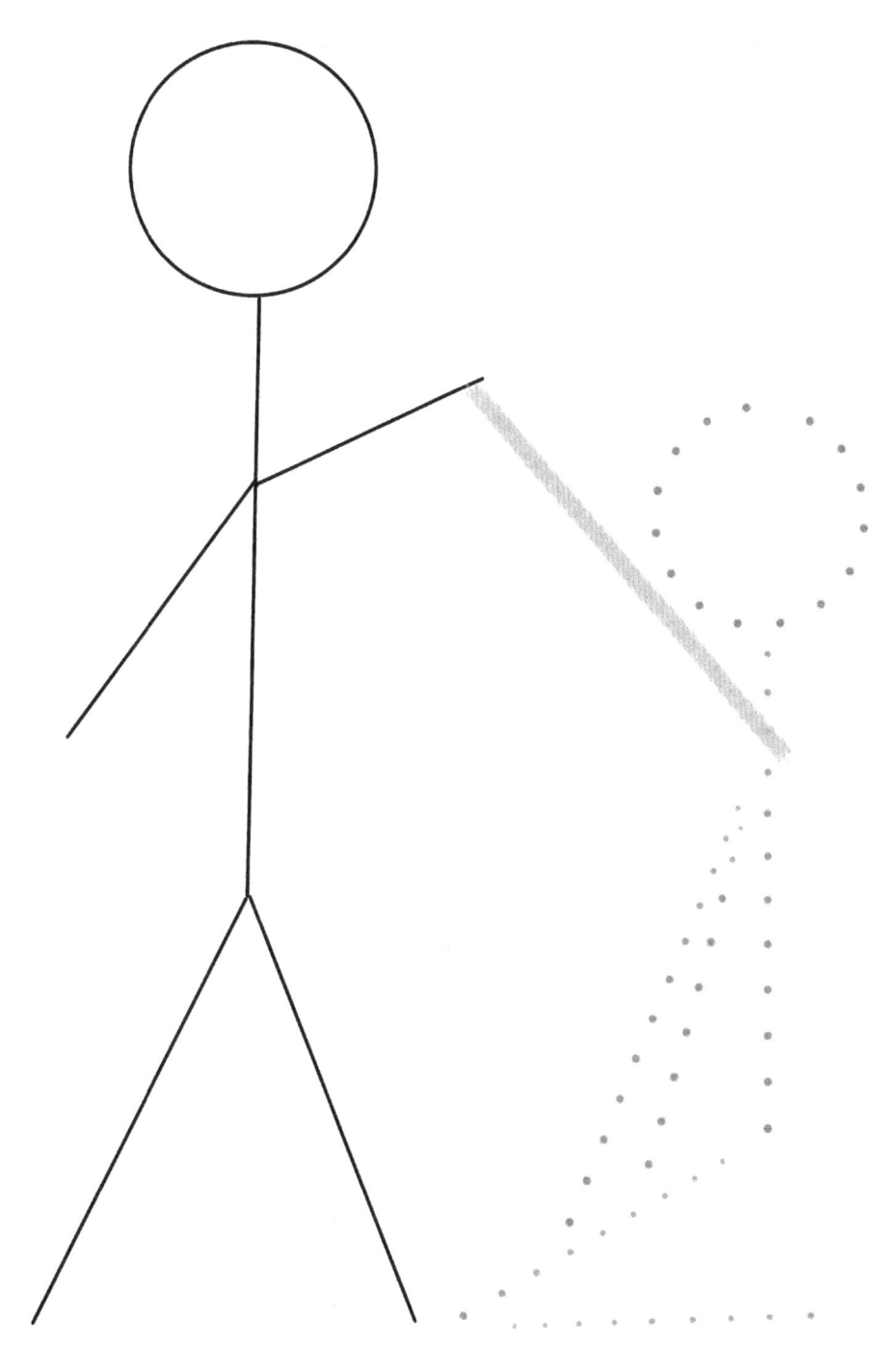

_ _ _ _ _ _ _

_ _ _ _ _ _ _

A B C D E F G H I J K L M
N O P Q R S T U V W X Y Z

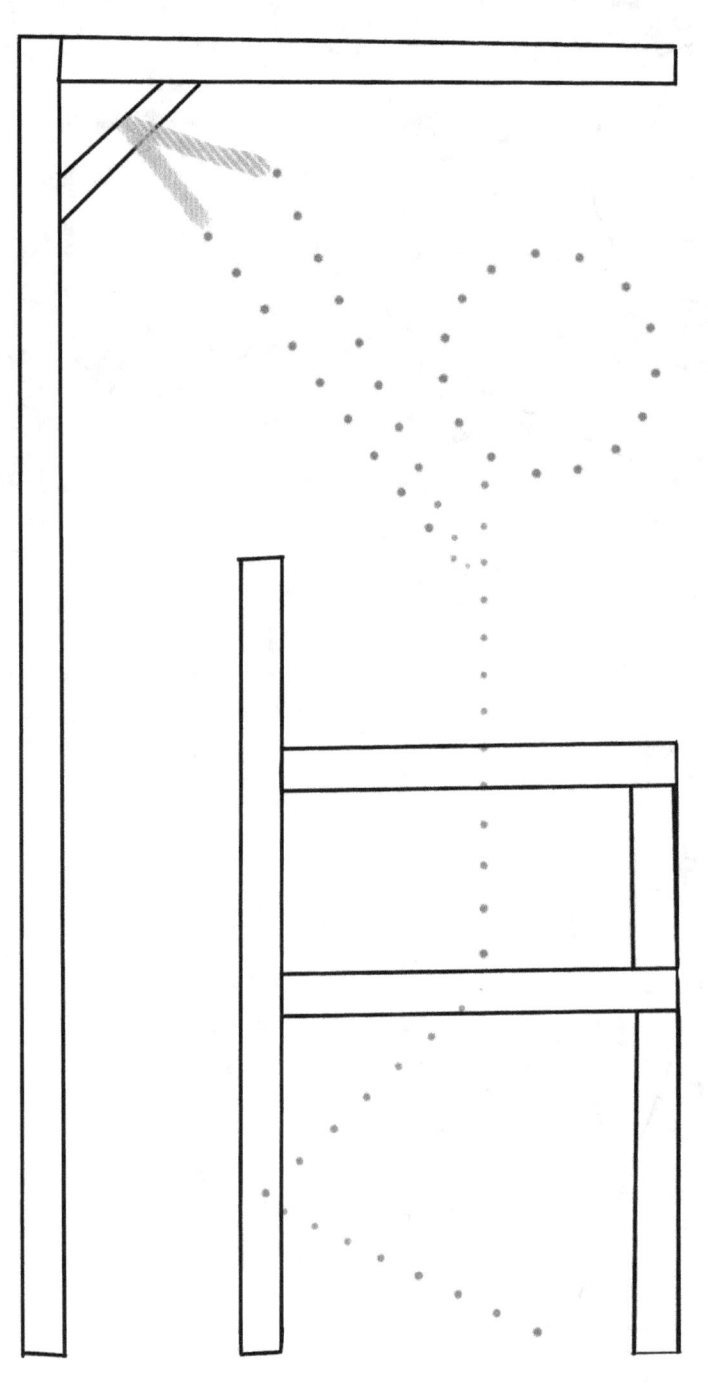

_ _ _ _ _ _ _ _ _ _ _ _ _ _

A B C D E F G H I J K L M
N O P Q R S T U V W X Y Z

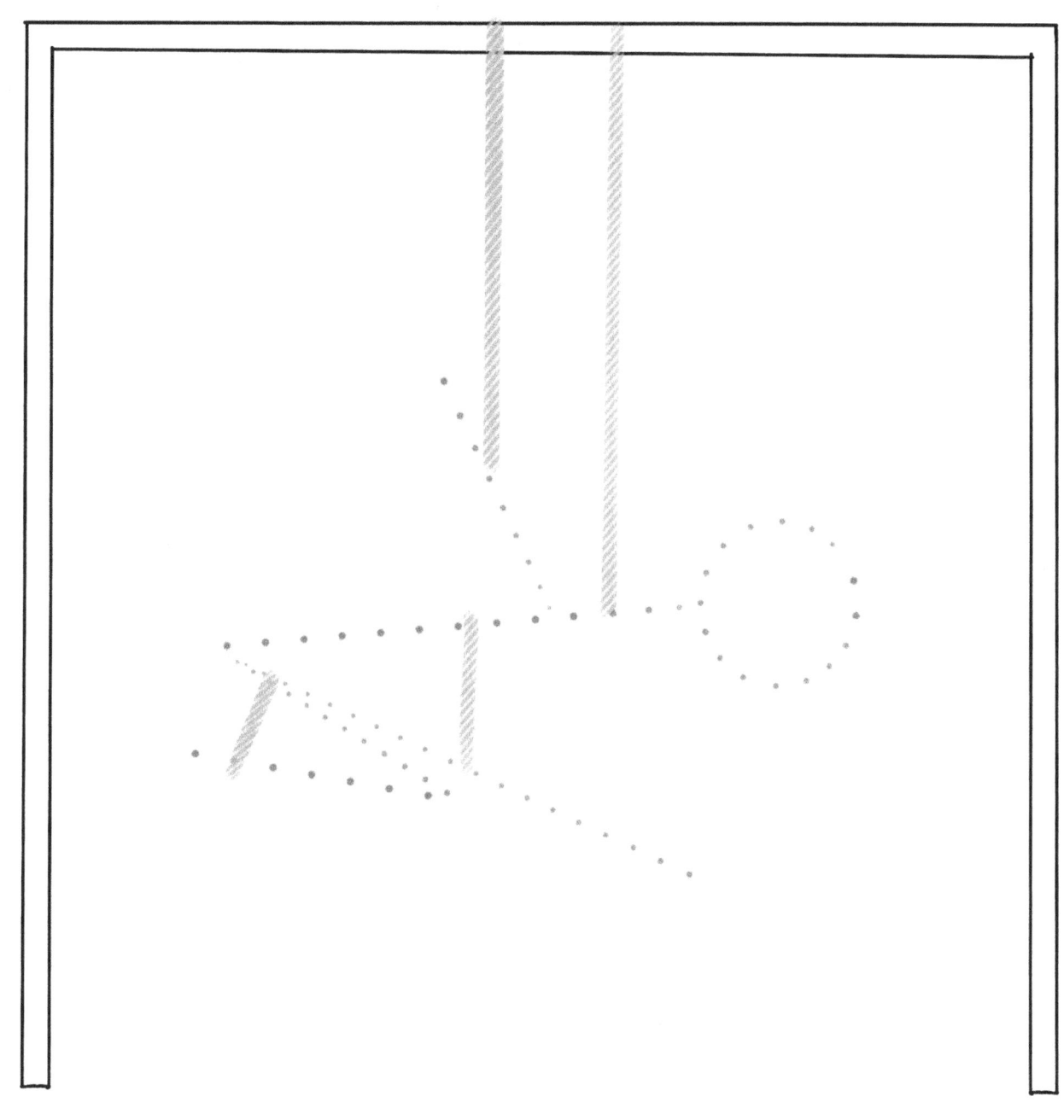

A B C D E F G H I J K L M
N O P Q R S T U V W X Y Z

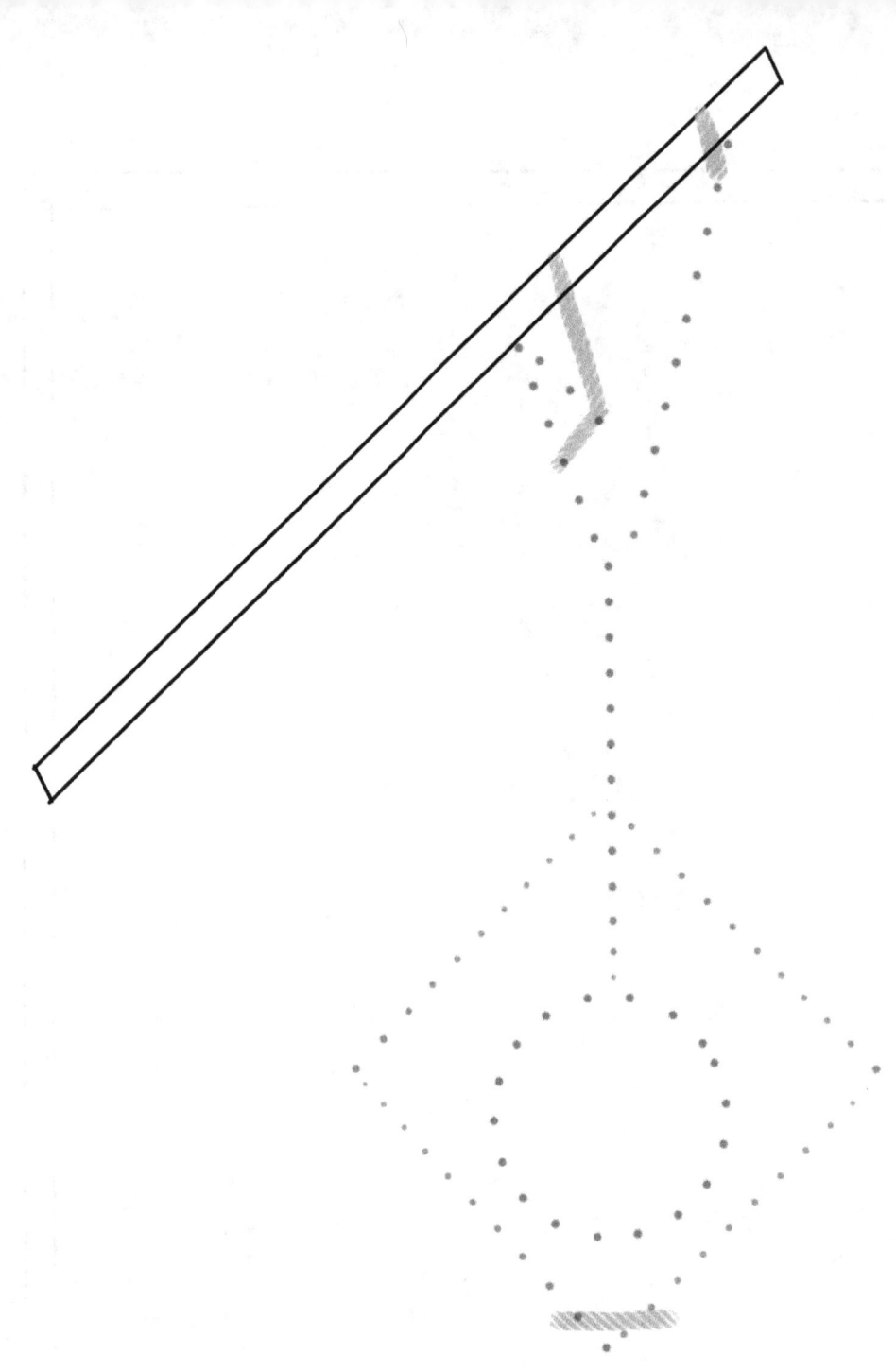

- - - - - - - - - - - - - - - - - - -

- - - - - - - - - - - - - - - - - - -

A B C D E F G H I J K L M
N O P Q R S T U V W X Y Z

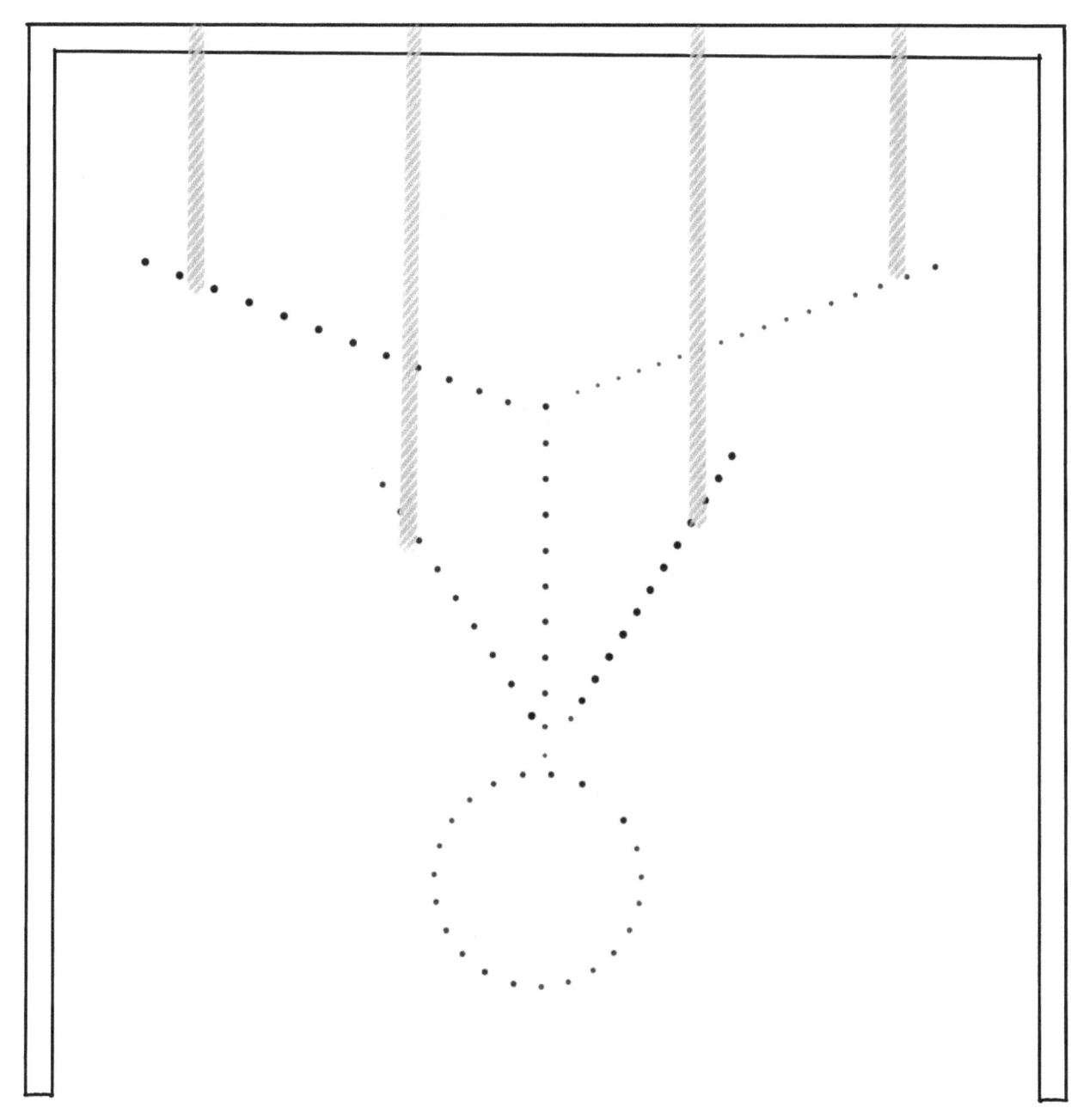

- - - - - - -

A B C D E F G H I J K L M
N O P Q R S T U V W X Y Z

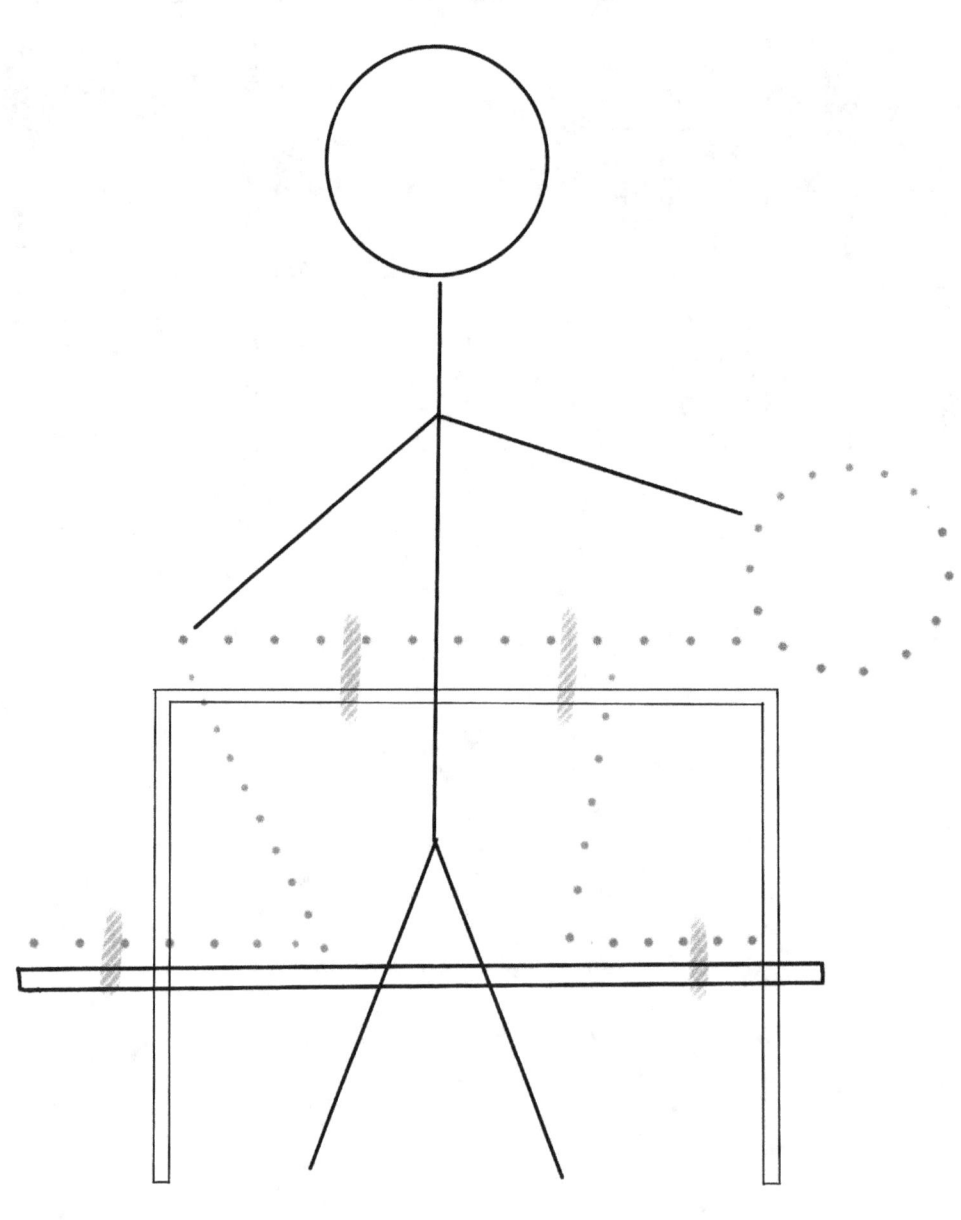

_ _ _ _ _ _ _ _ _ _

_ _ _ _ _ _ _ _ _ _

A B C D E F G H I J K L M
N O P Q R S T U V W X Y Z

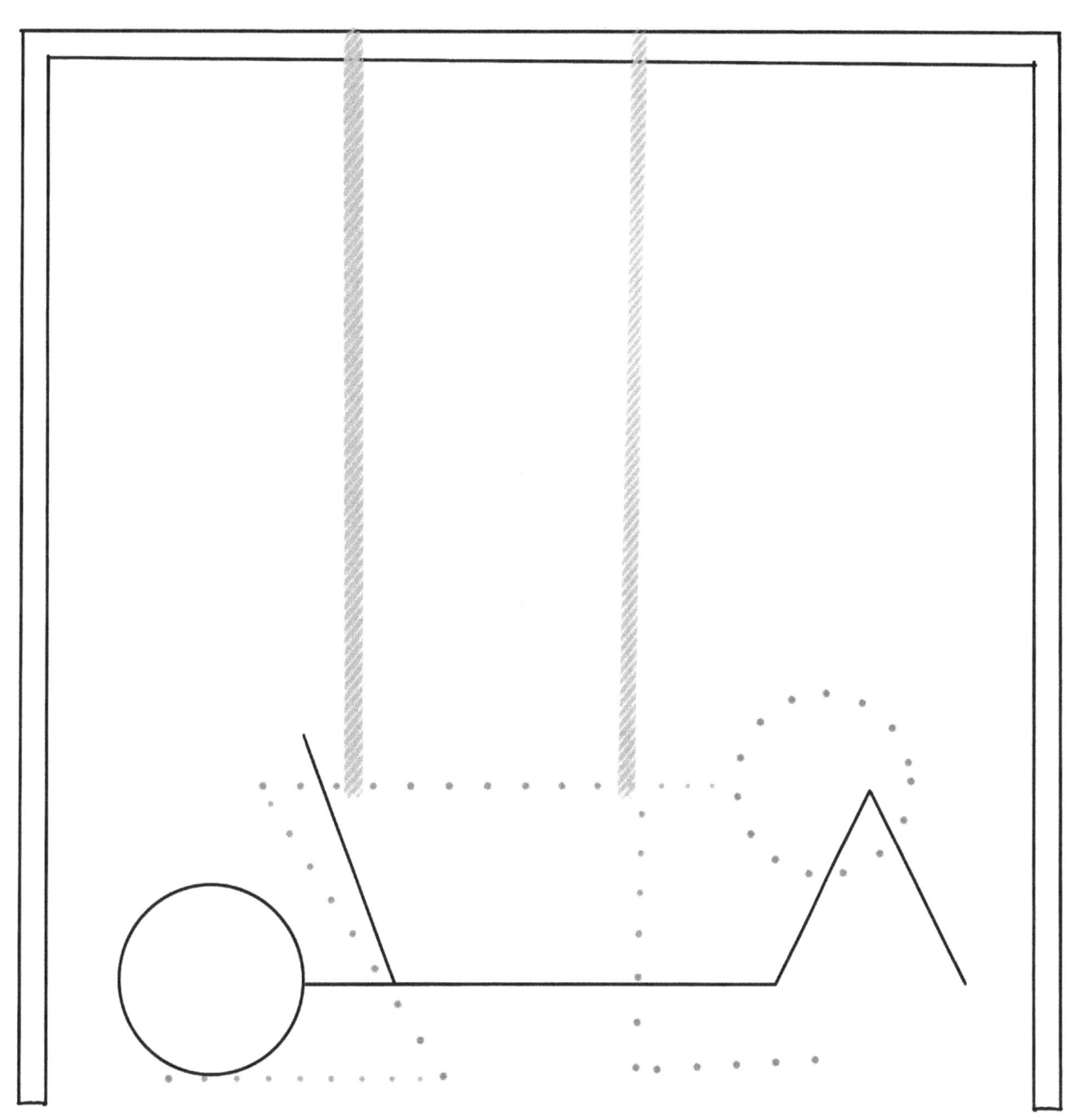

ABCDEFGHIJKLM
NOPQRSTUVWXYZ

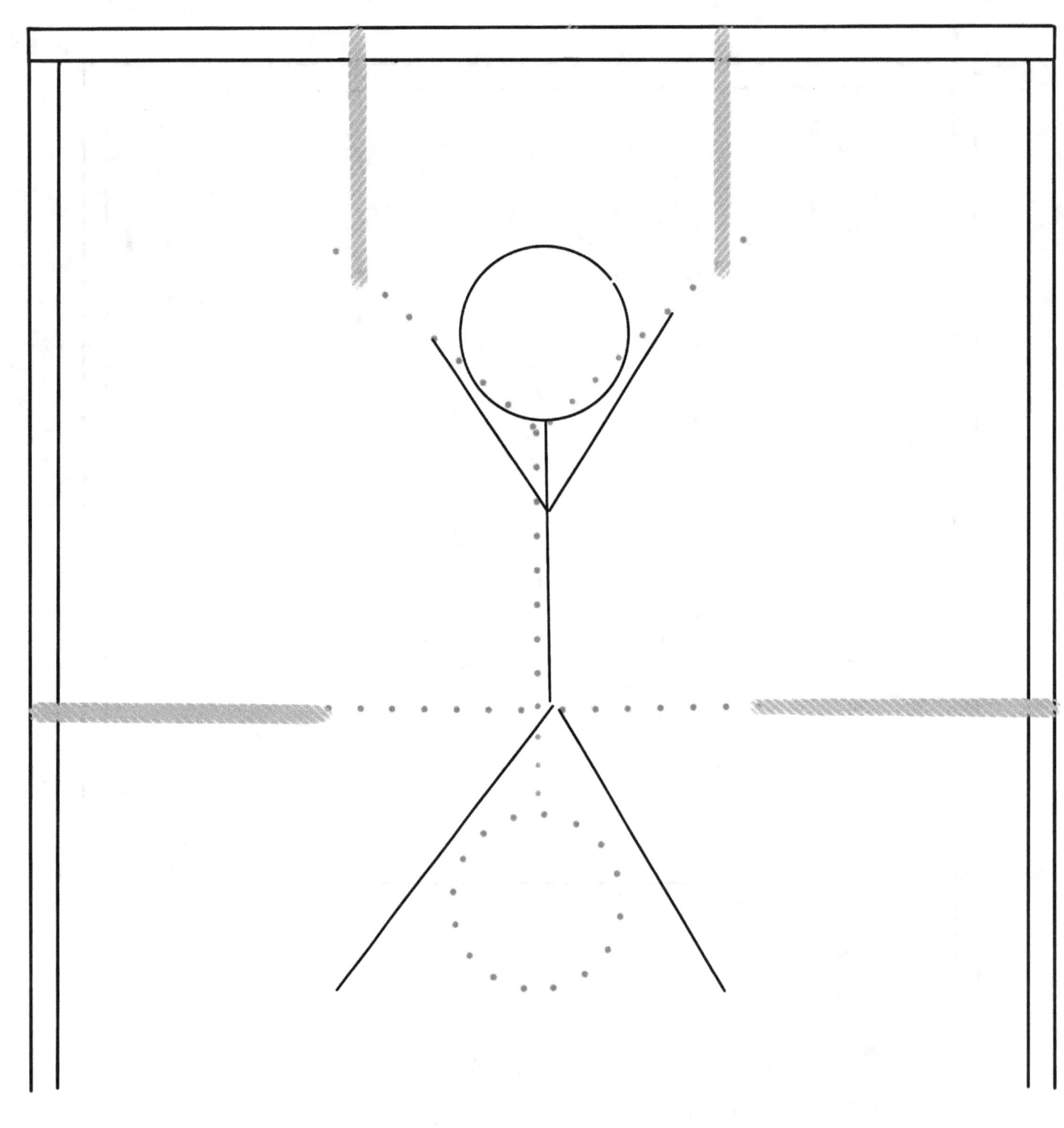

ABCDEFGHIJKLM
NOPQRSTUVWXYZ

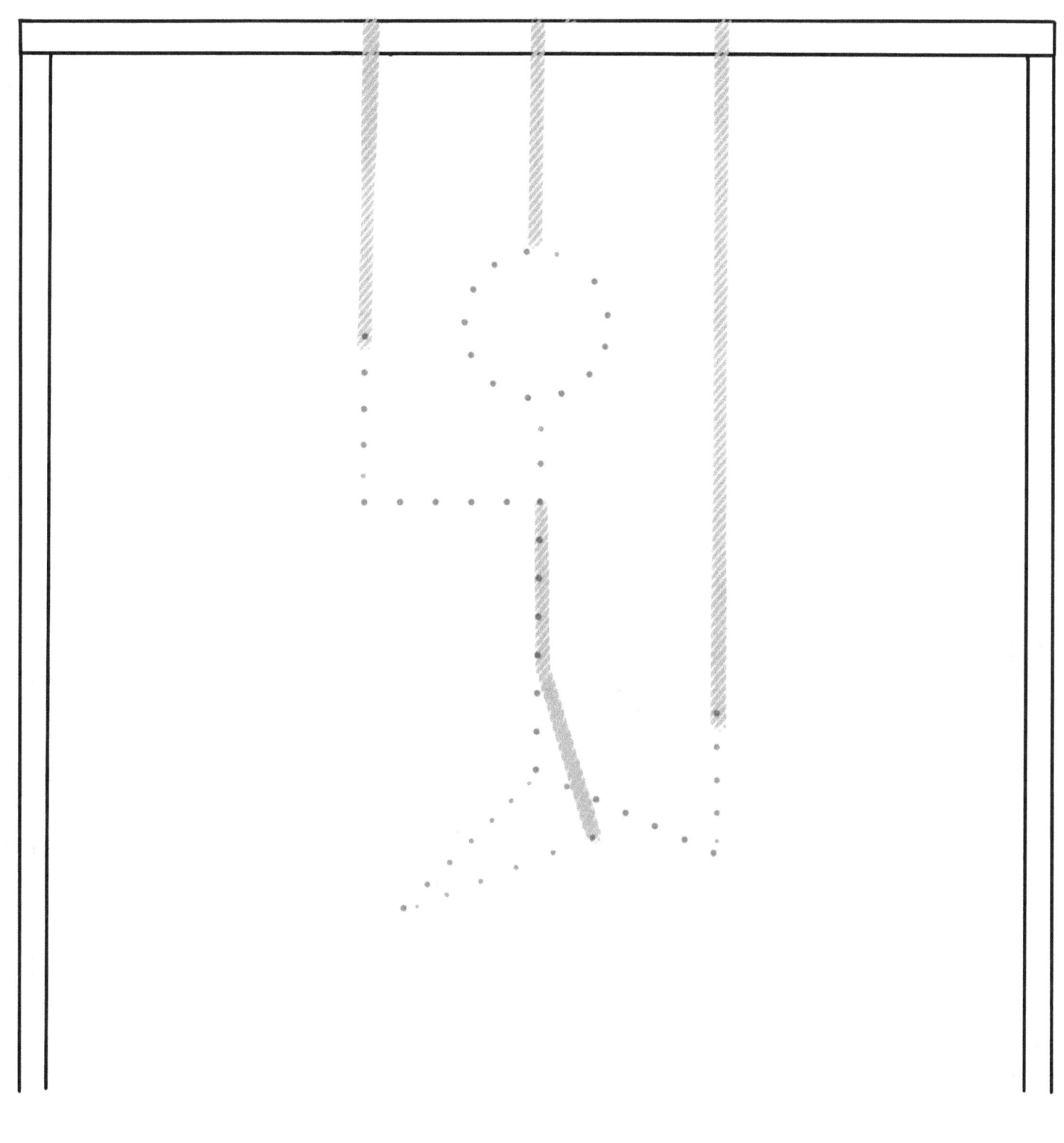

A B C D E F G H I J K L M
N O P Q R S T U V W X Y Z

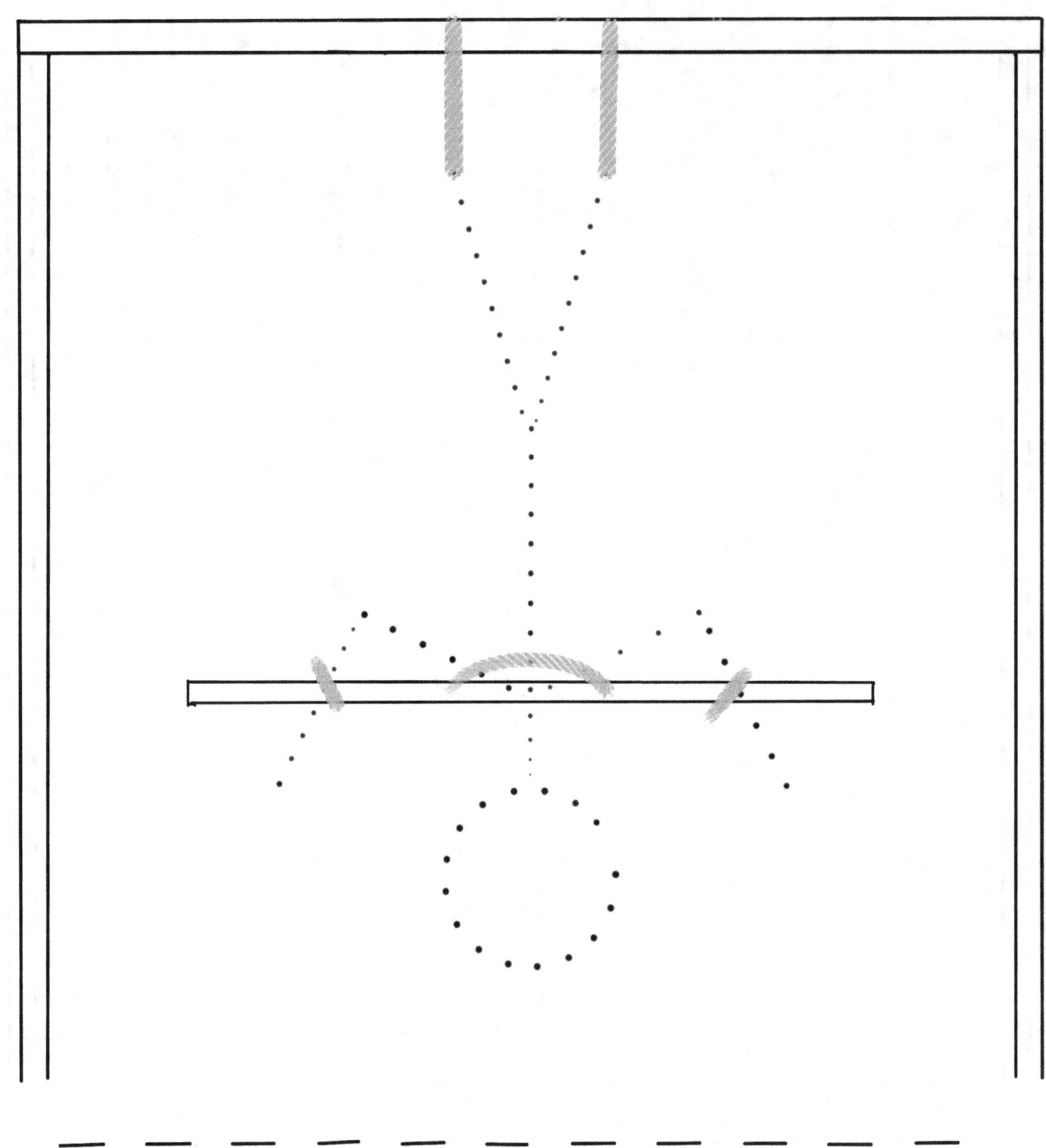

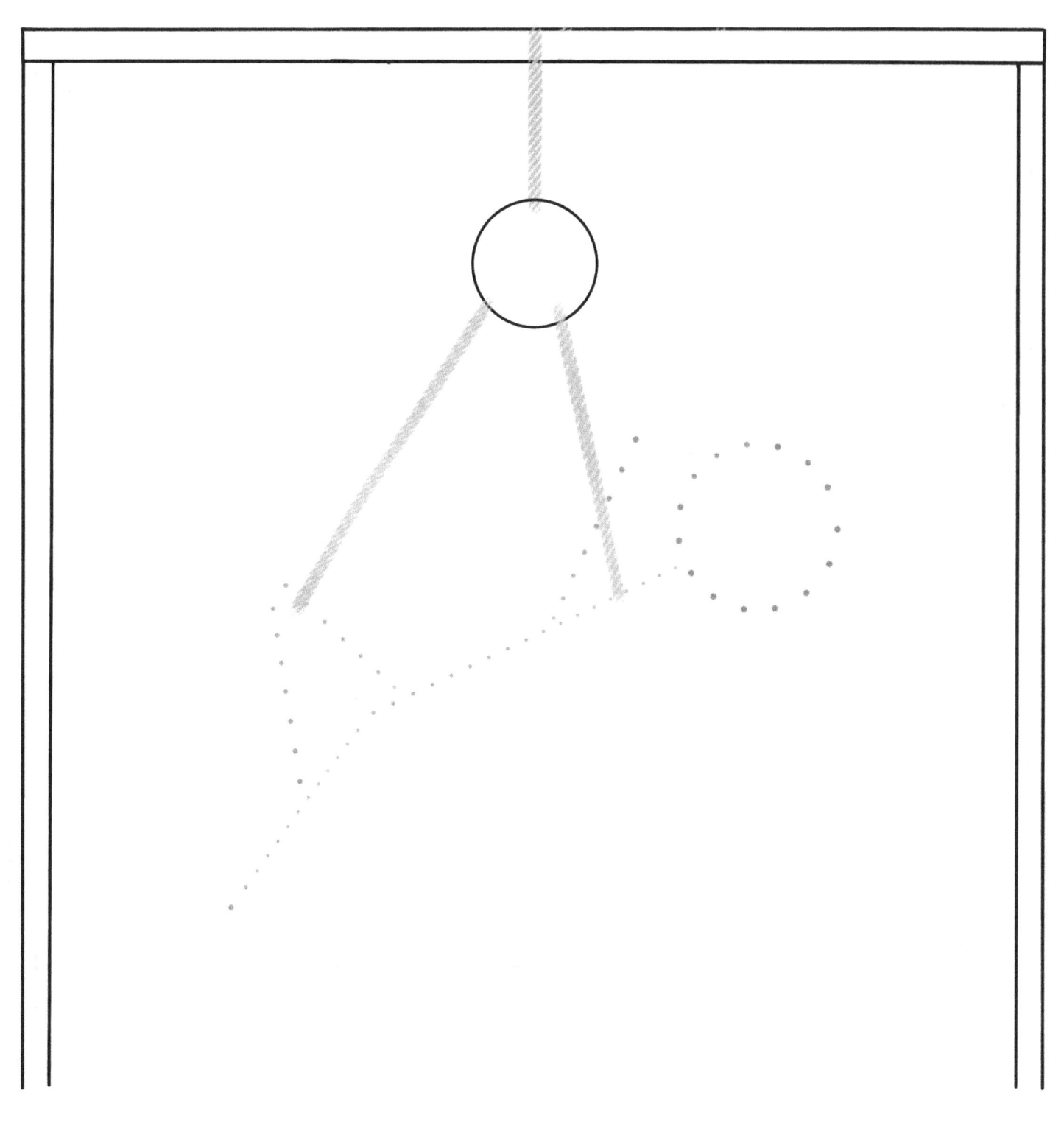

A B C D E F G H I J K L M
N O P Q R S T U V W X Y Z

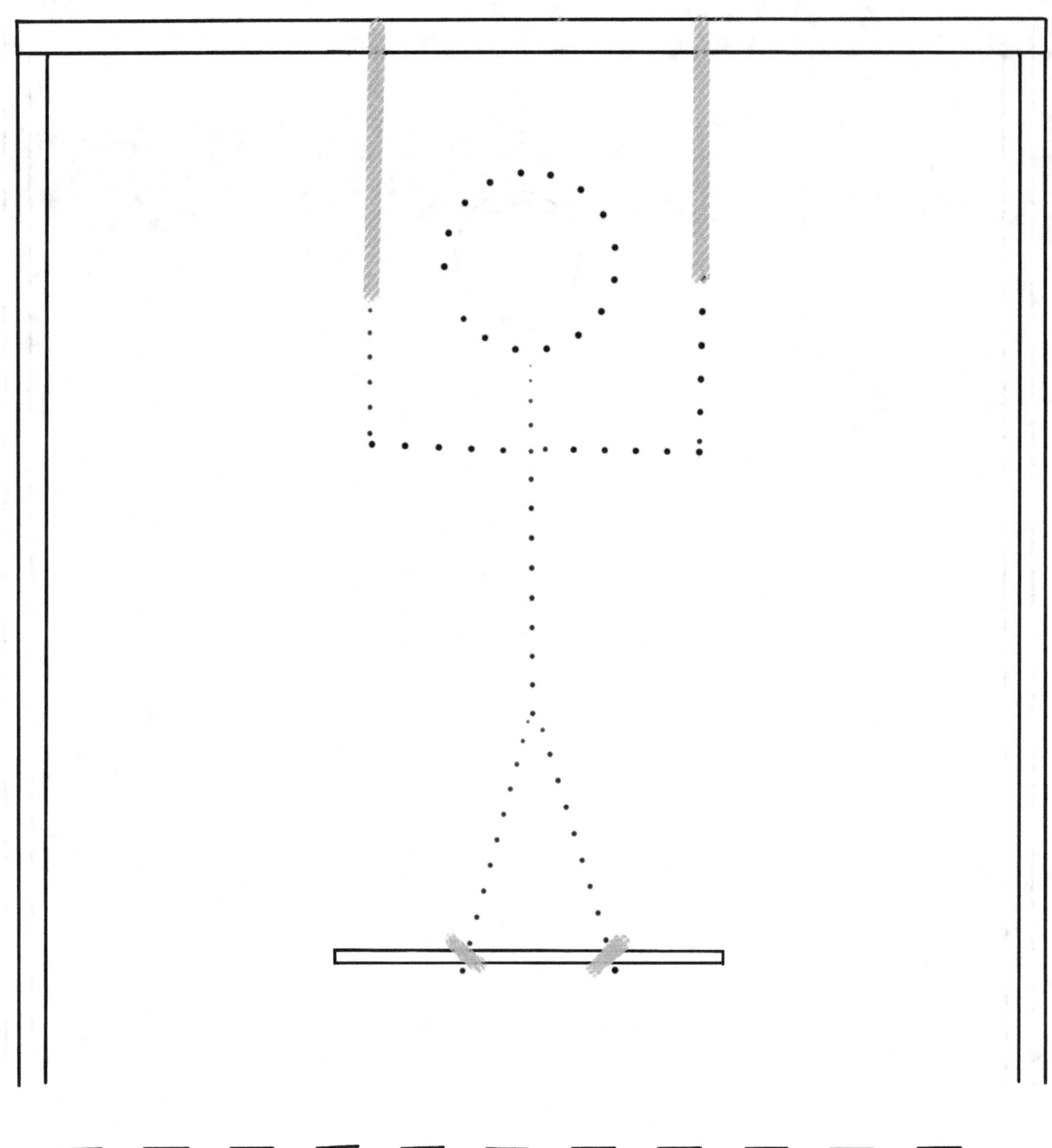

ABCDEFGHIJKLM
NOPQRSTUVWXYZ

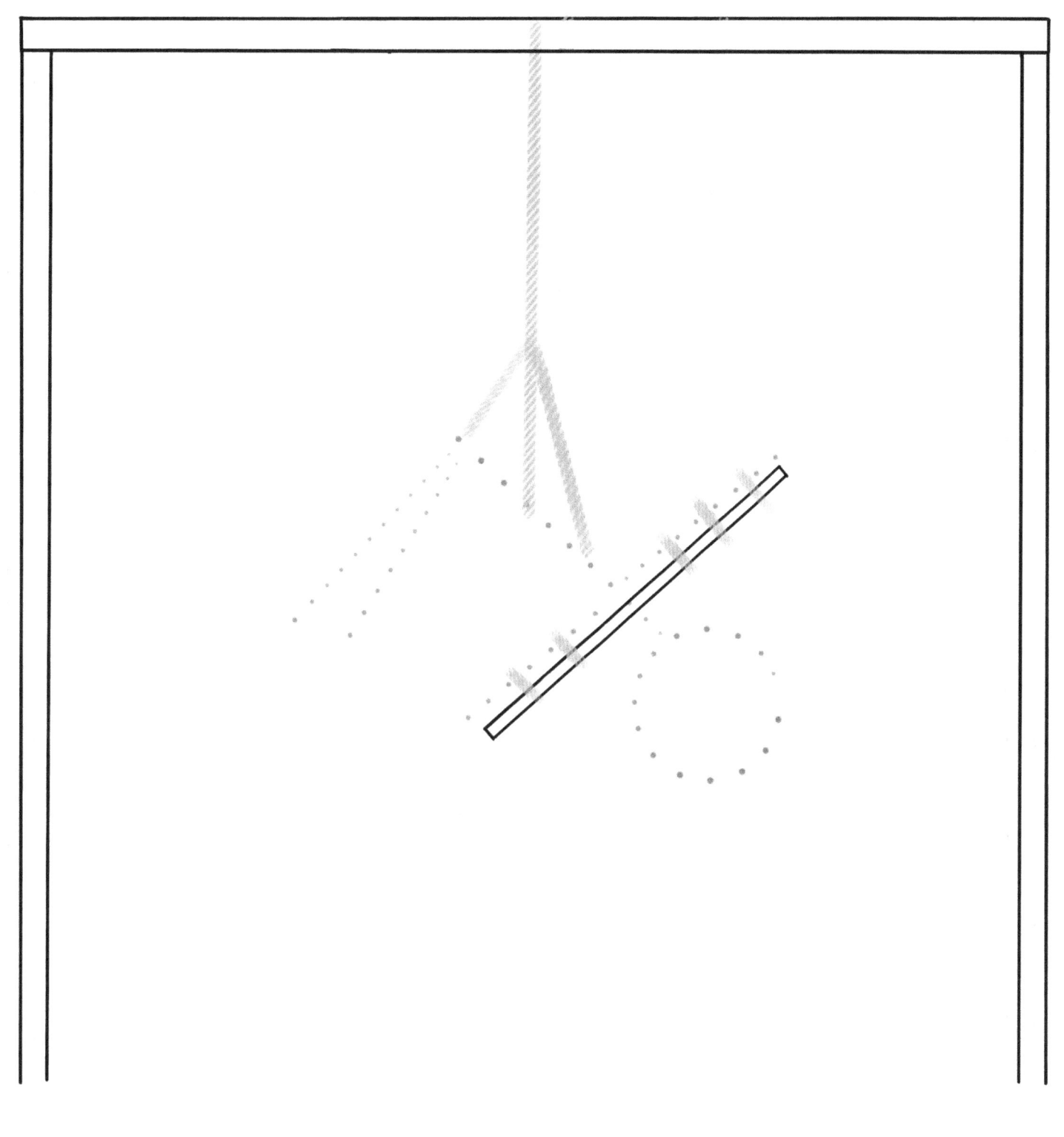

_ _ _ _ _ _ _

A B C D E F G H I J K L M
N O P Q R S T U V W X Y Z

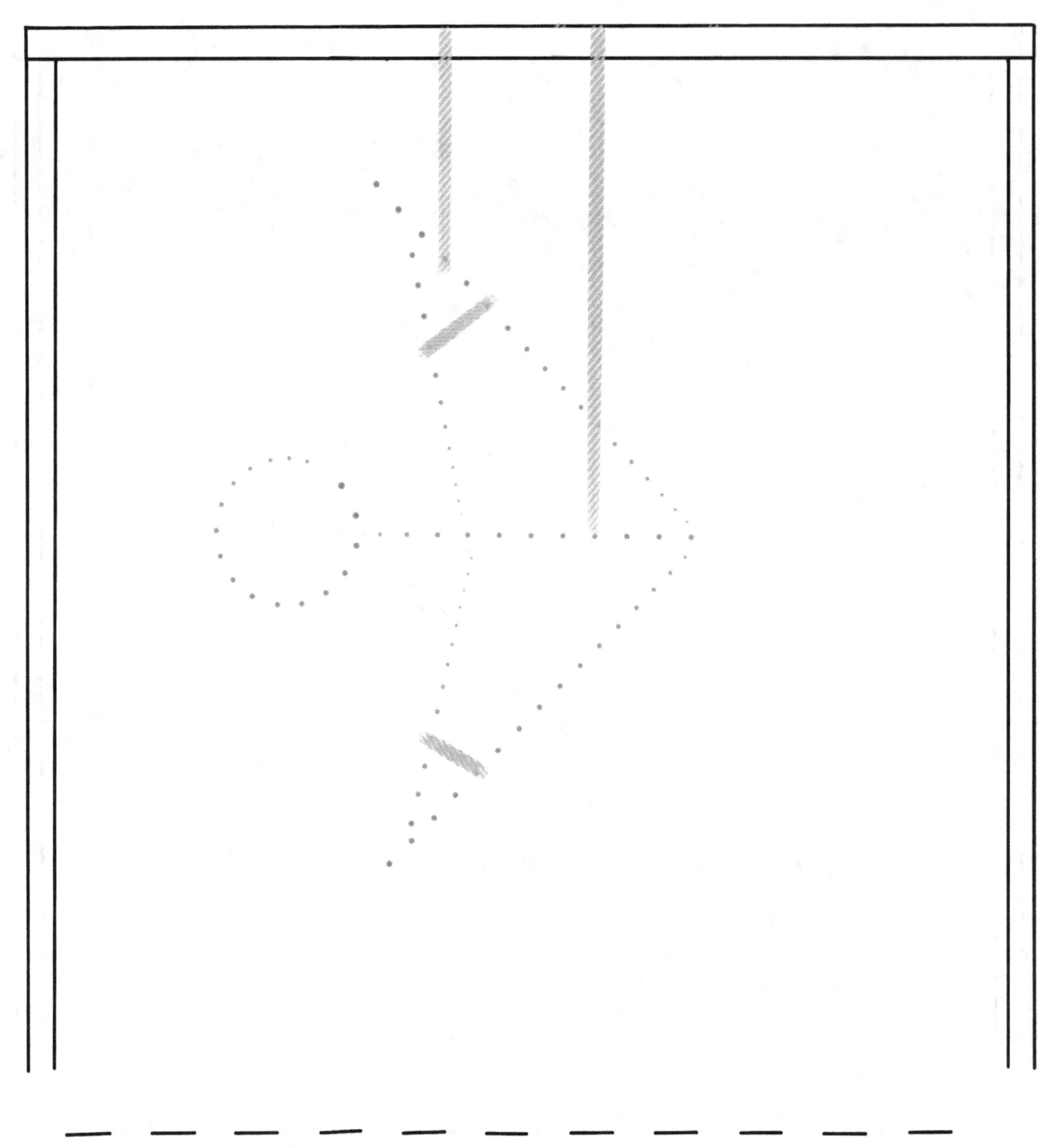

ABCDEFGHIJKLM
NOPQRSTUVWXYZ

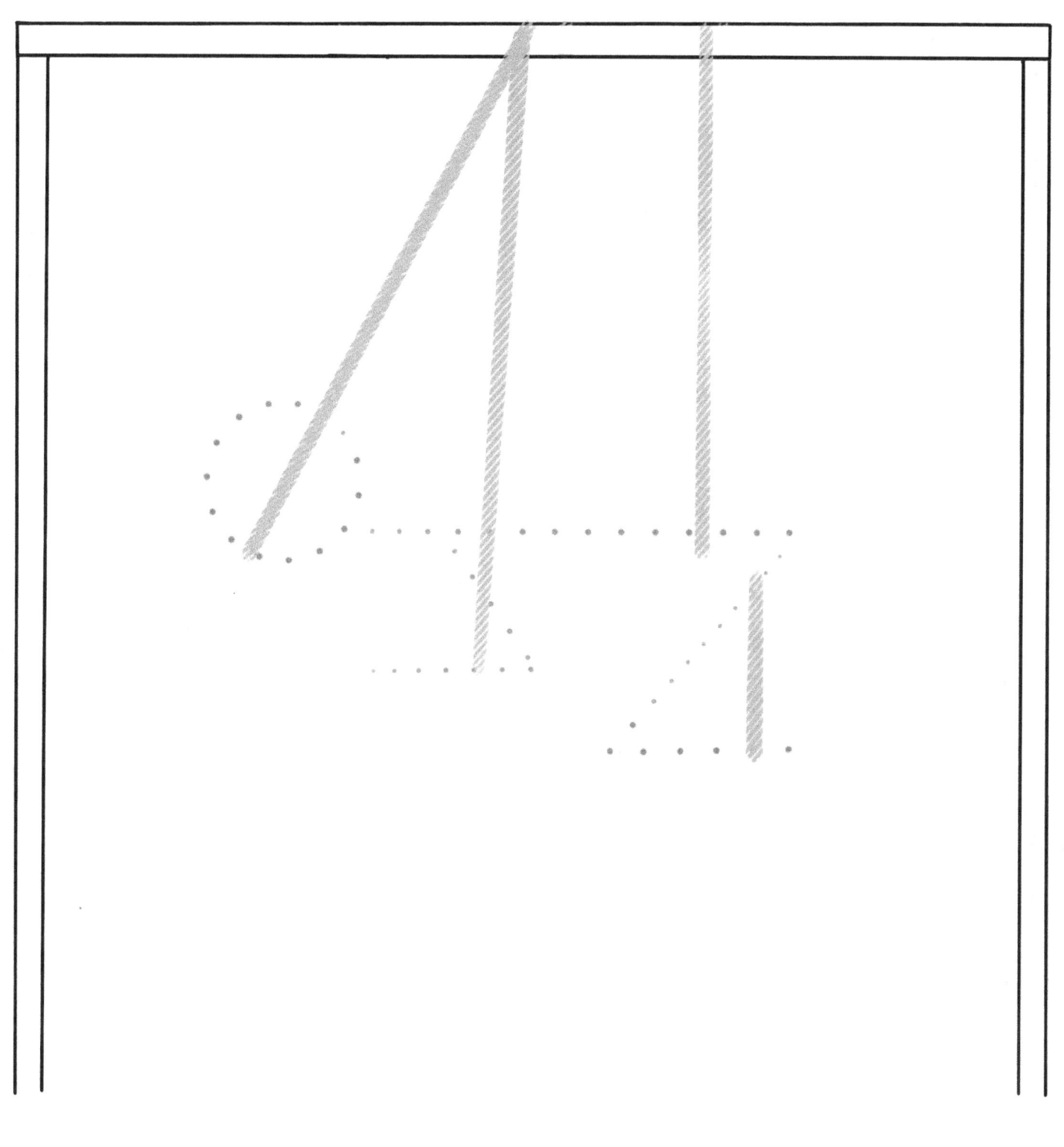

ABCDEFGHIJKLM
NOPQRSTUVWXYZ

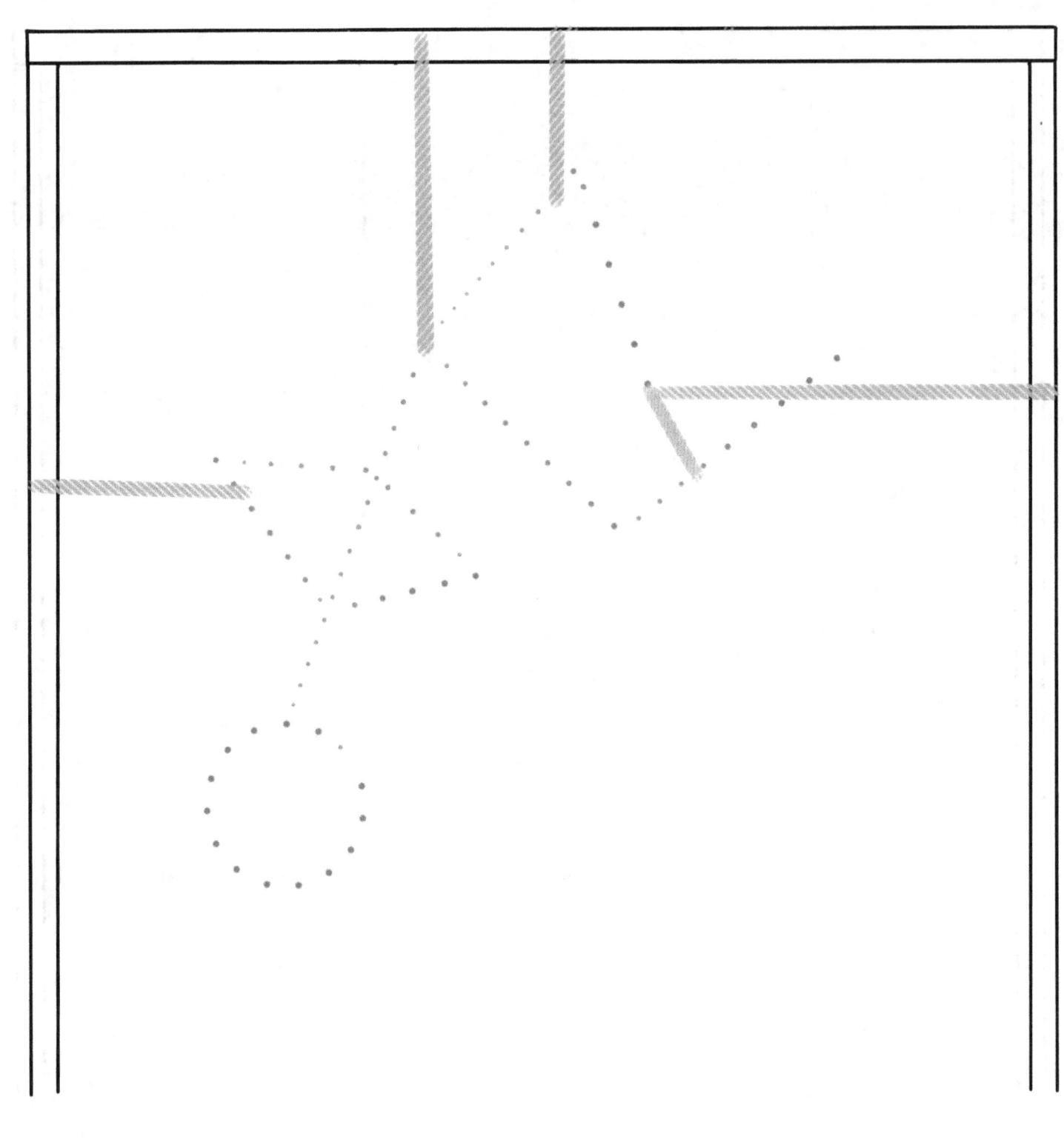

_ _ _ _ _ _

A B C D E F G H I J K L M
N O P Q R S T U V W X Y Z

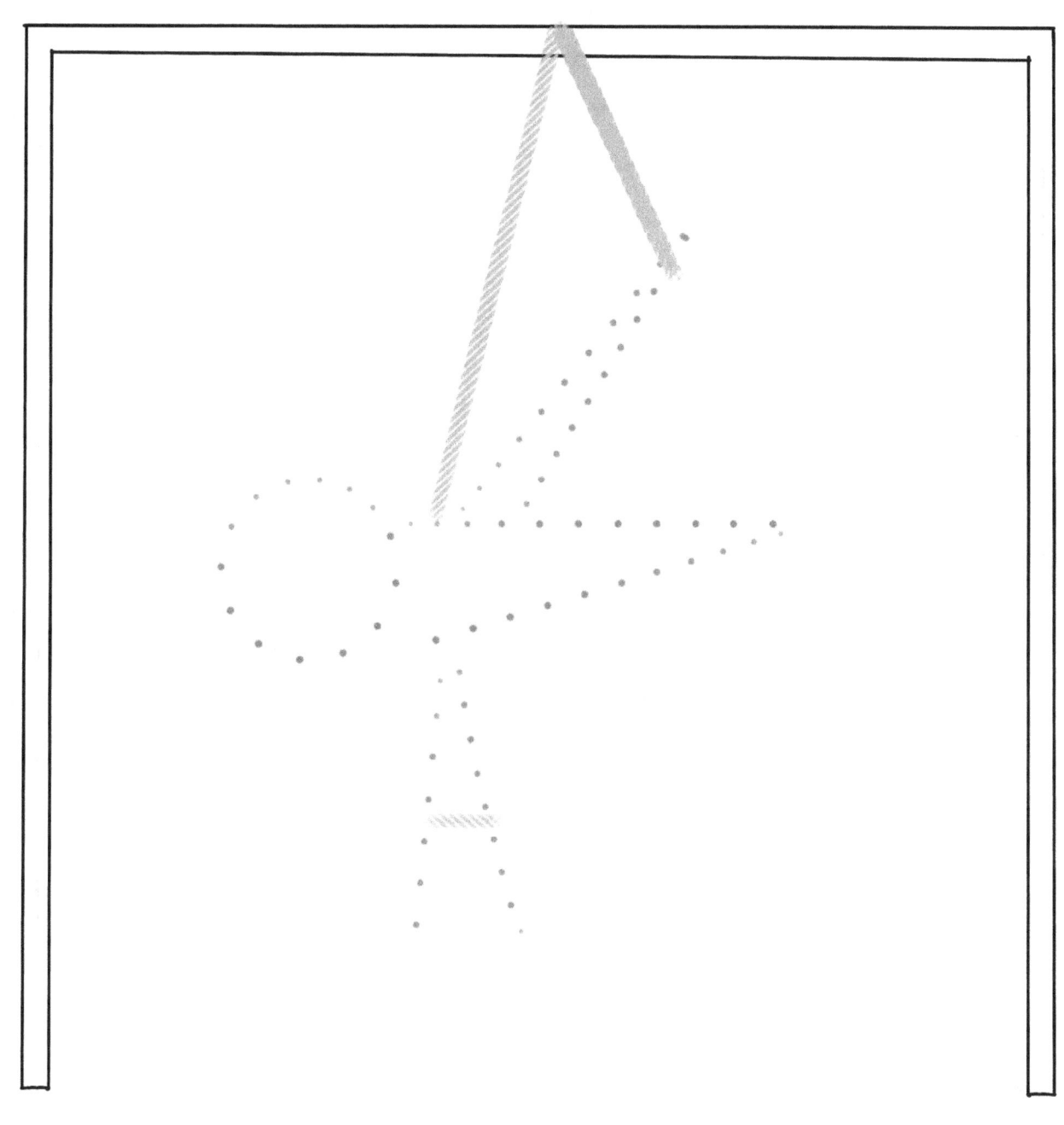

ABCDEFGHIJKLM
NOPQRSTUVWXYZ

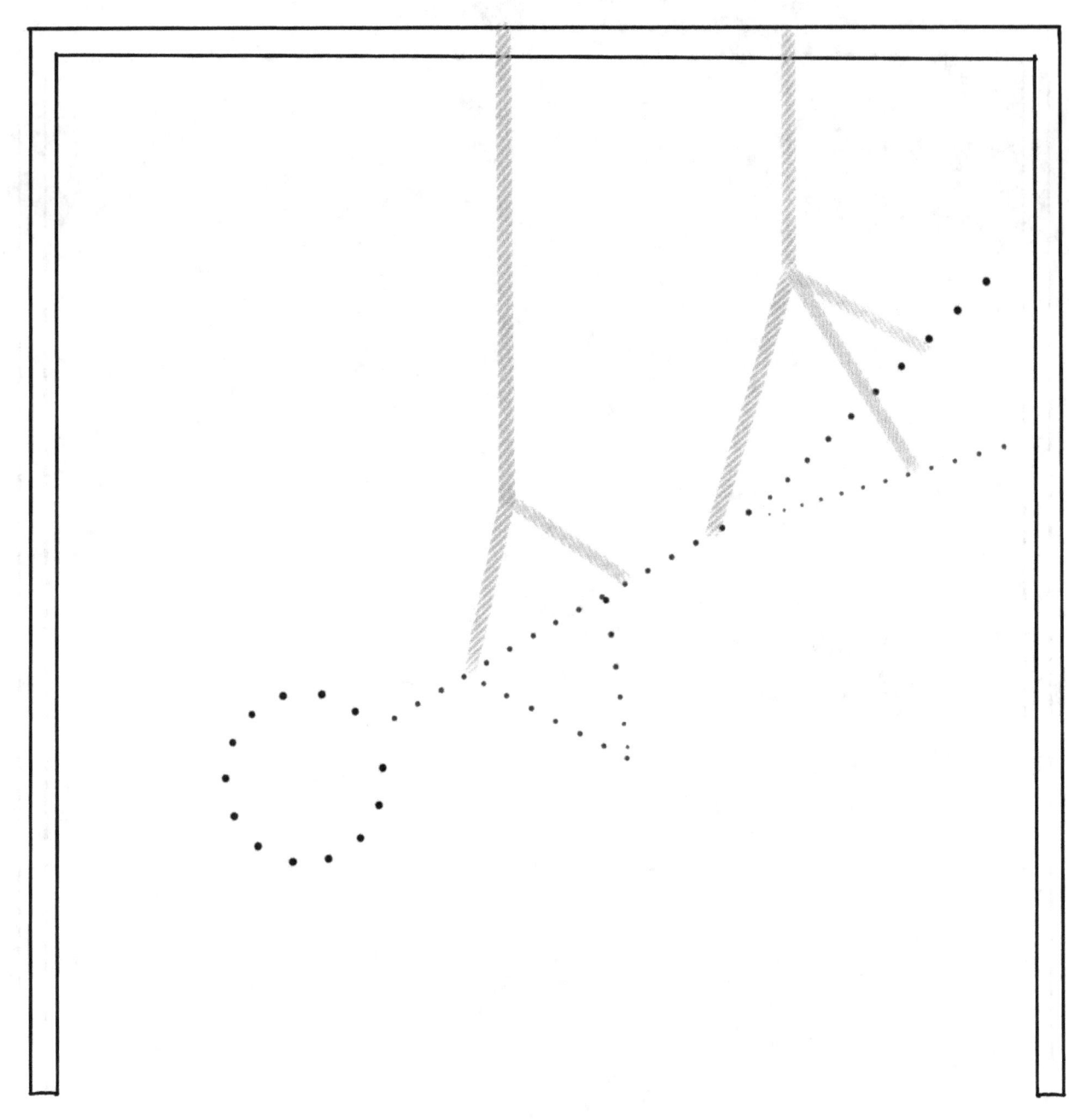

_ _ _ _ _ _ _

A B C D E F G H I J K L M
N O P Q R S T U V W X Y Z

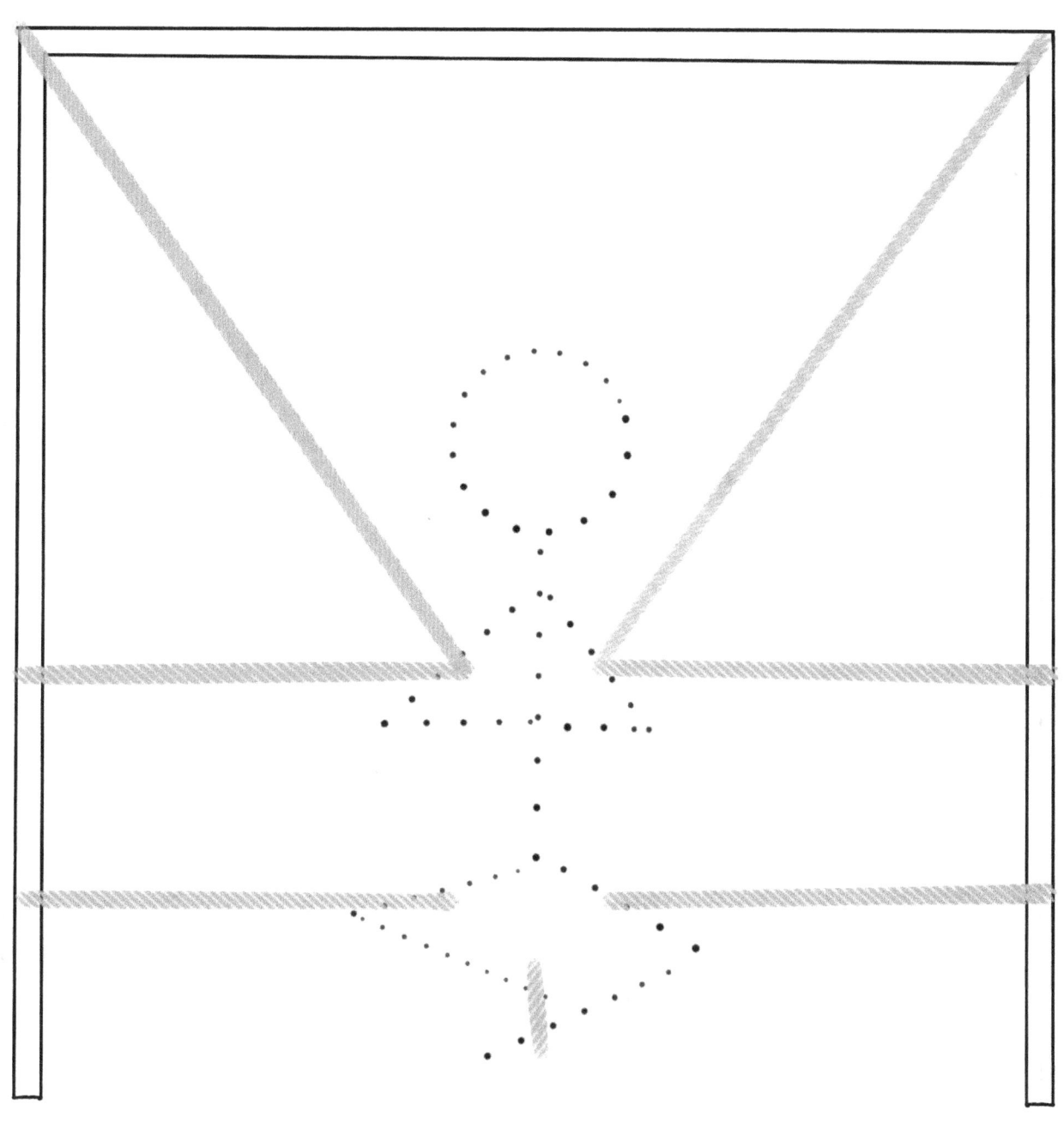

_ _ _ _ _

A B C D E F G H I J K L M
N O P Q R S T U V W X Y Z

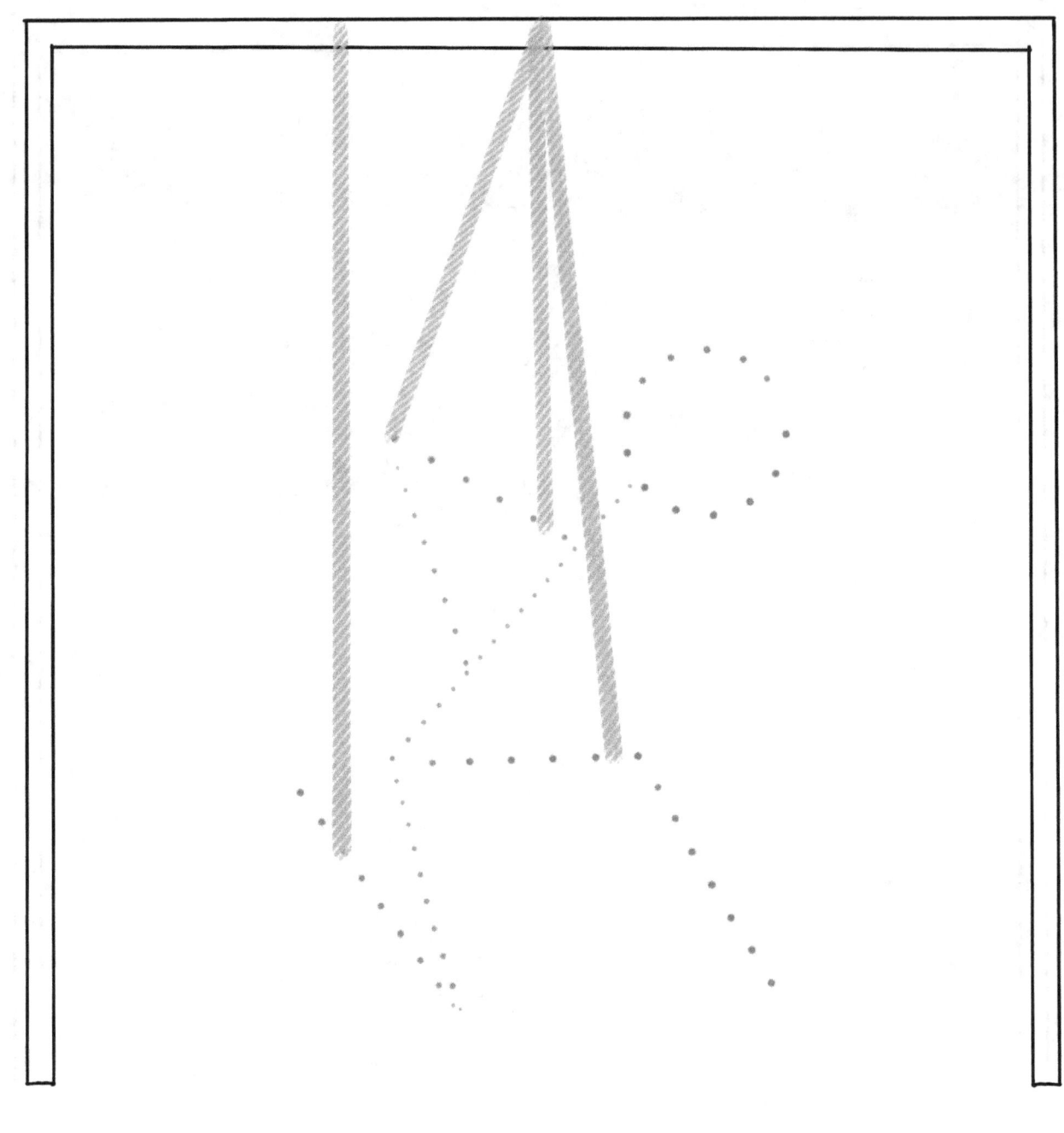

A B C D E F G H I J K L M
N O P Q R S T U V W X Y Z

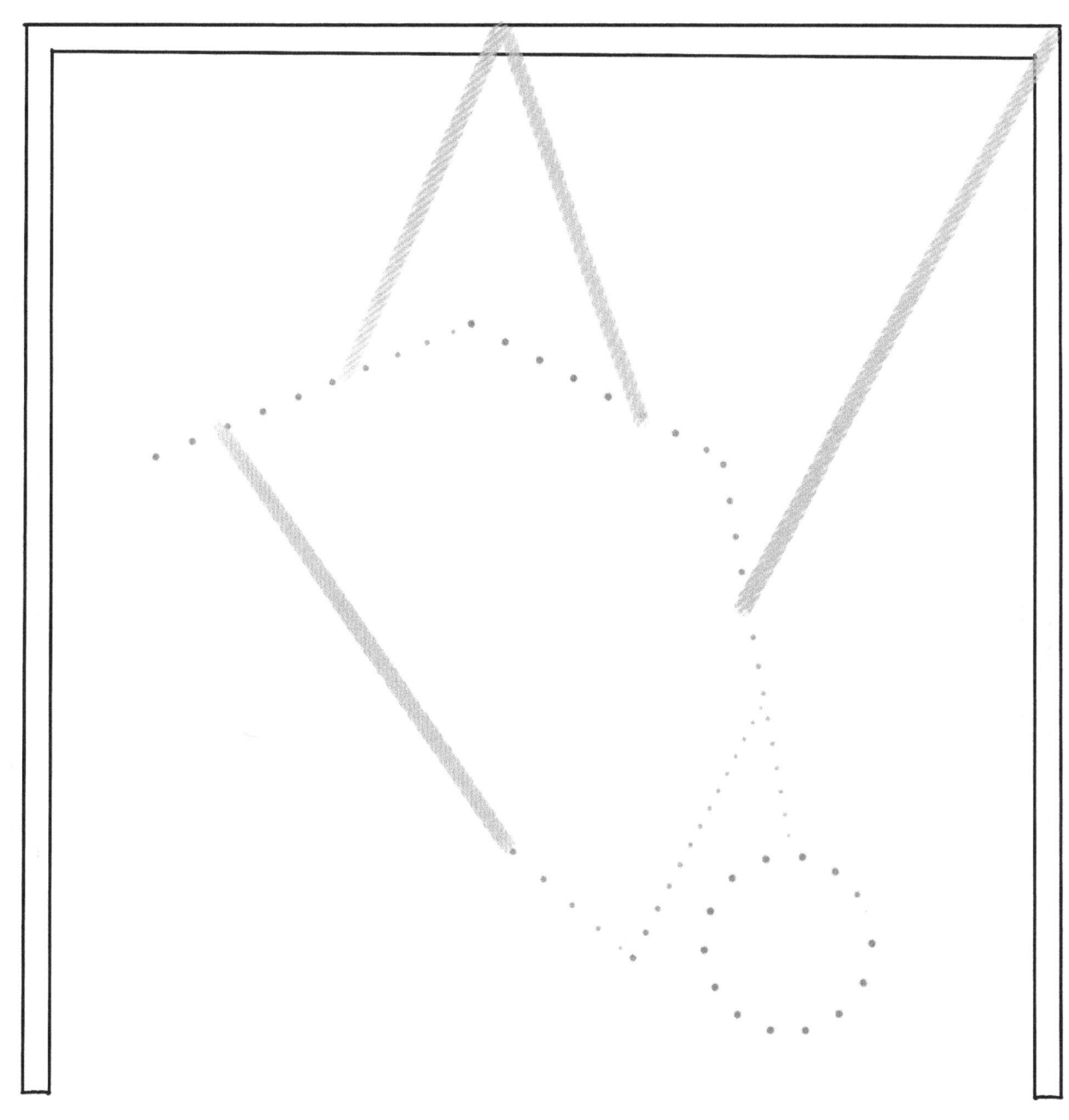

A B C D E F G H I J K L M
N O P Q R S T U V W X Y Z

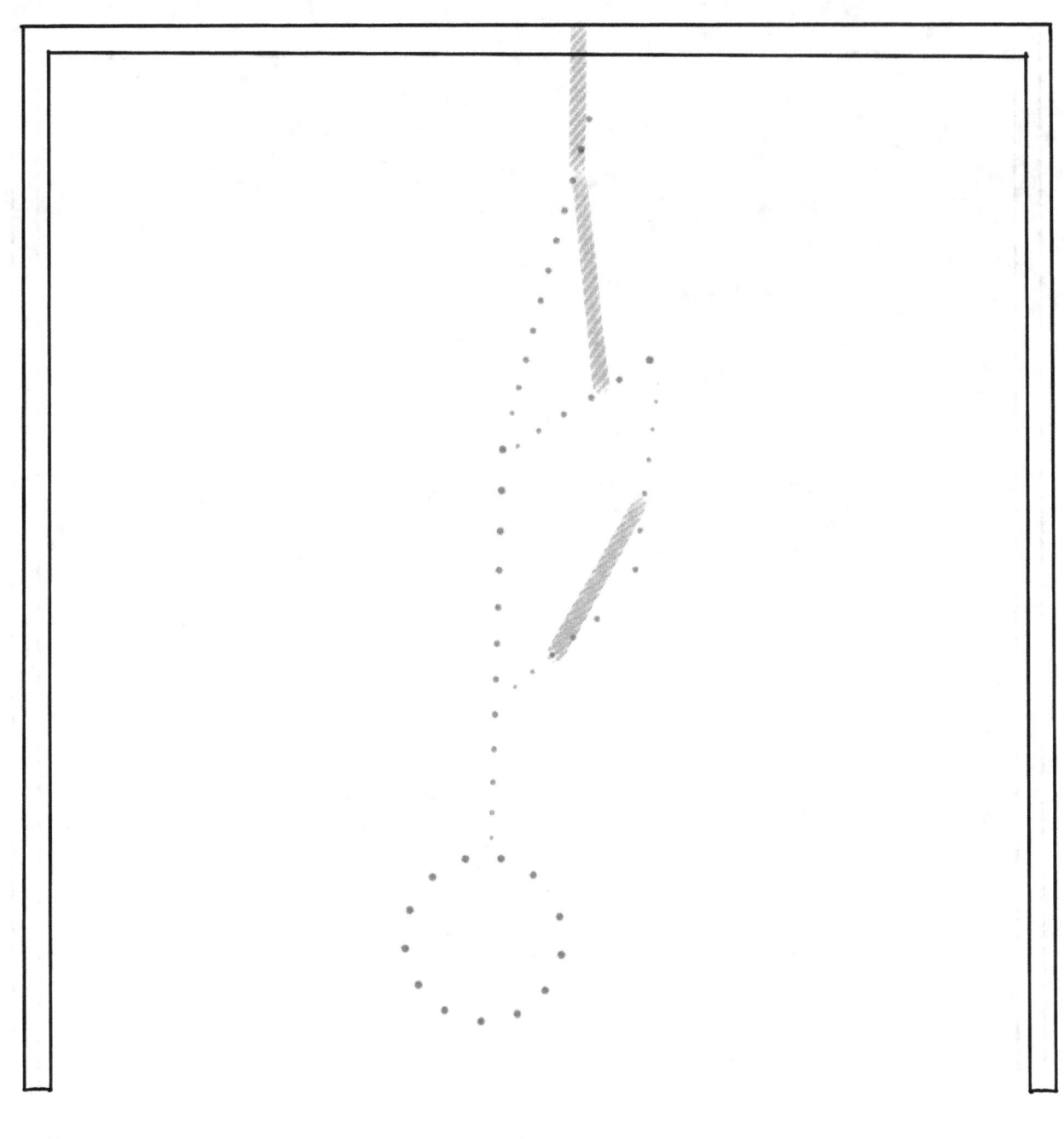

A B C D E F G H I J K L M
N O P Q R S T U V W X Y Z

A B C D E F G H I J K L M
N O P Q R S T U V W X Y Z

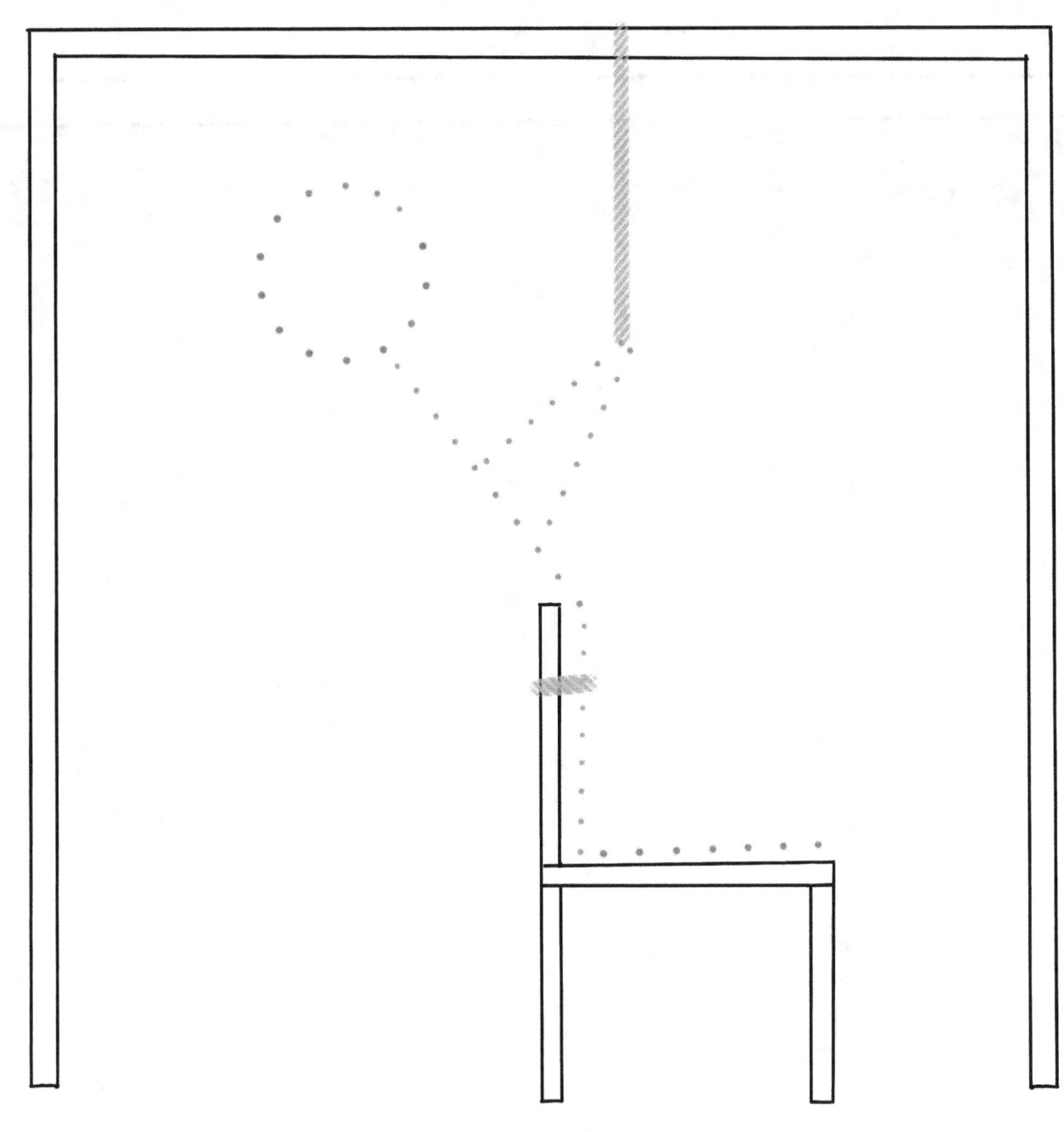

A B C D E F G H I J K L M
N O P Q R S T U V W X Y Z

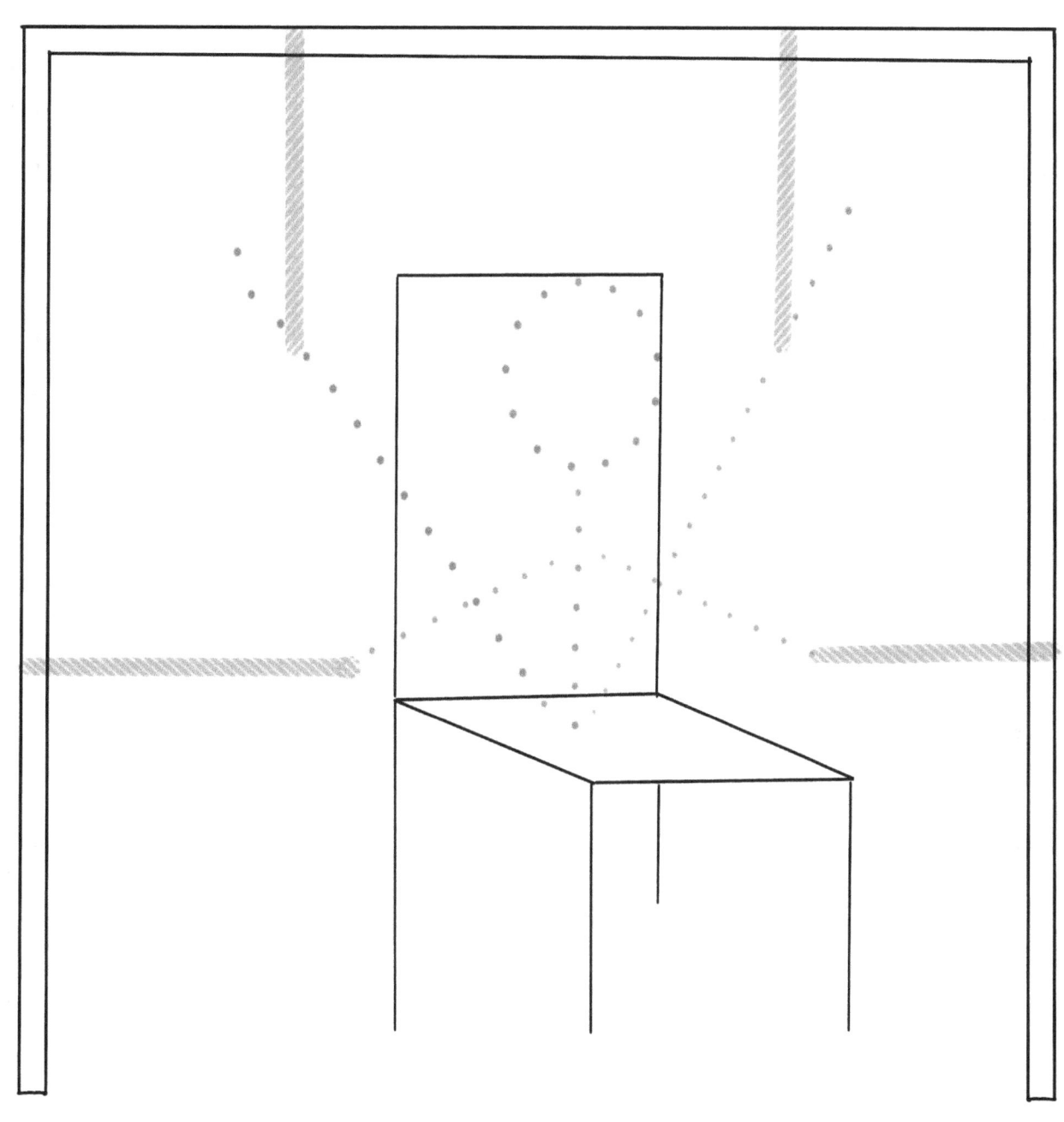

A B C D E F G H I J K L M
N O P Q R S T U V W X Y Z

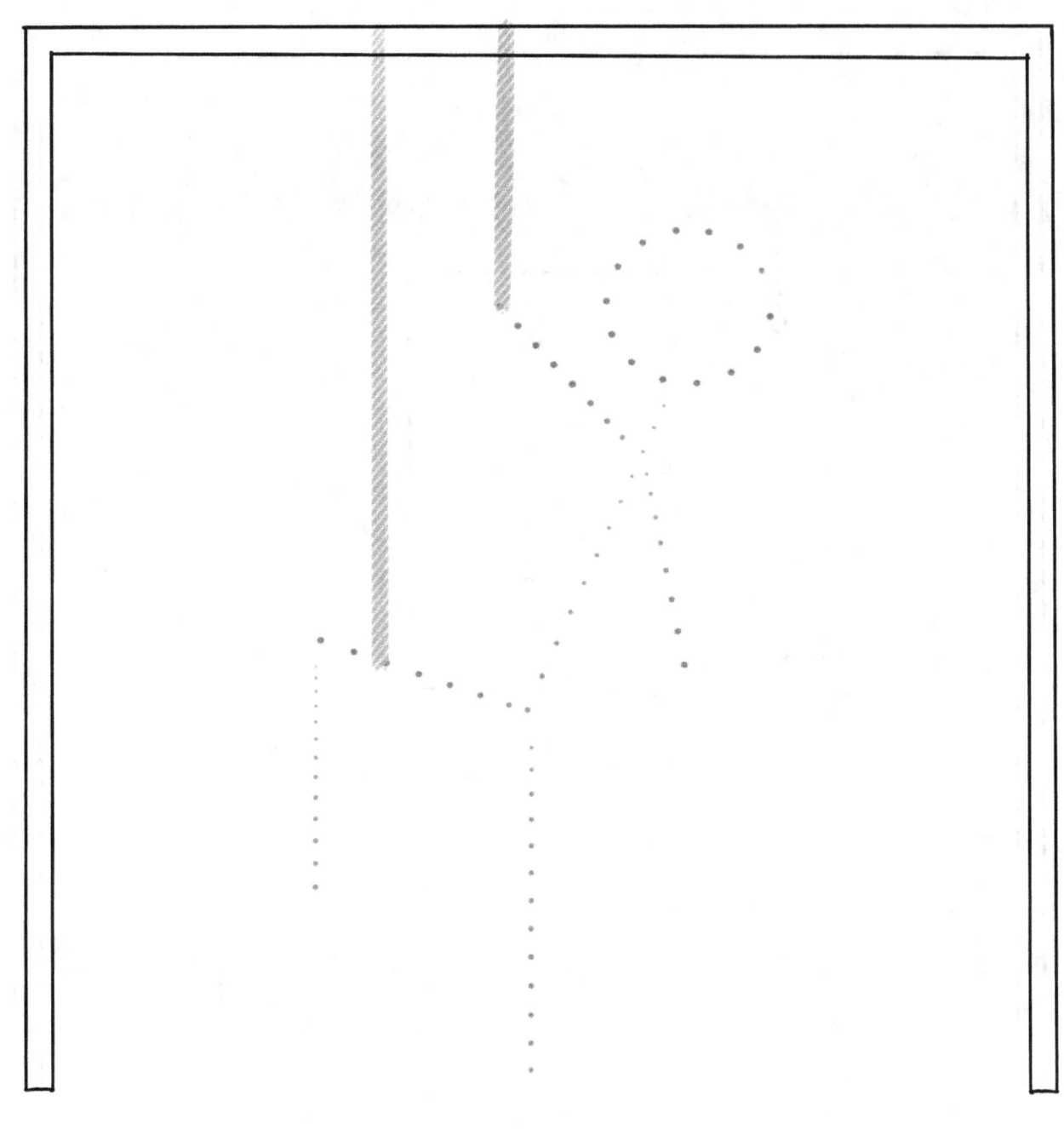

A B C D E F G H I J K L M
N O P Q R S T U V W X Y Z

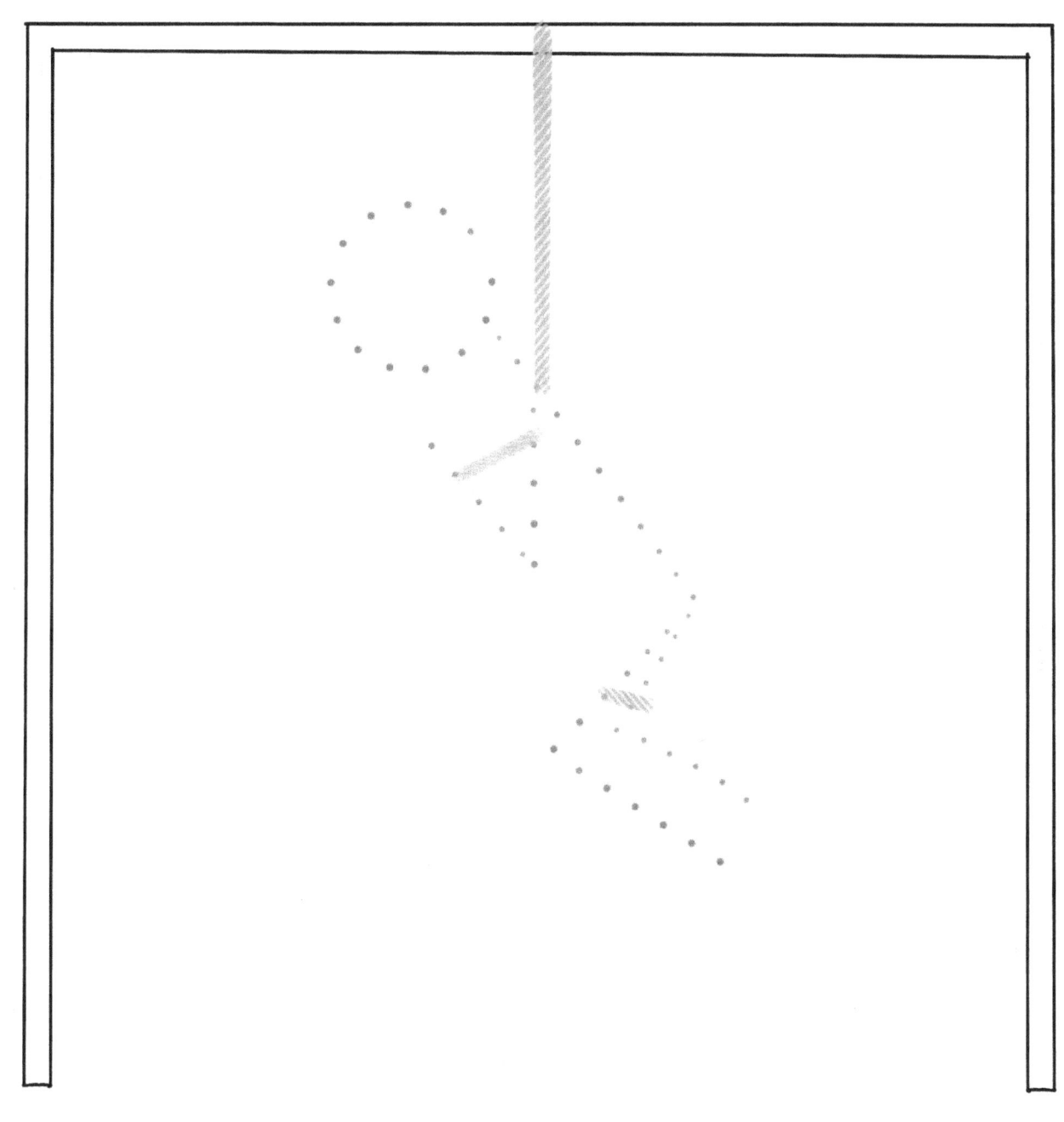

A B C D E F G H I J K L M
N O P Q R S T U V W X Y Z

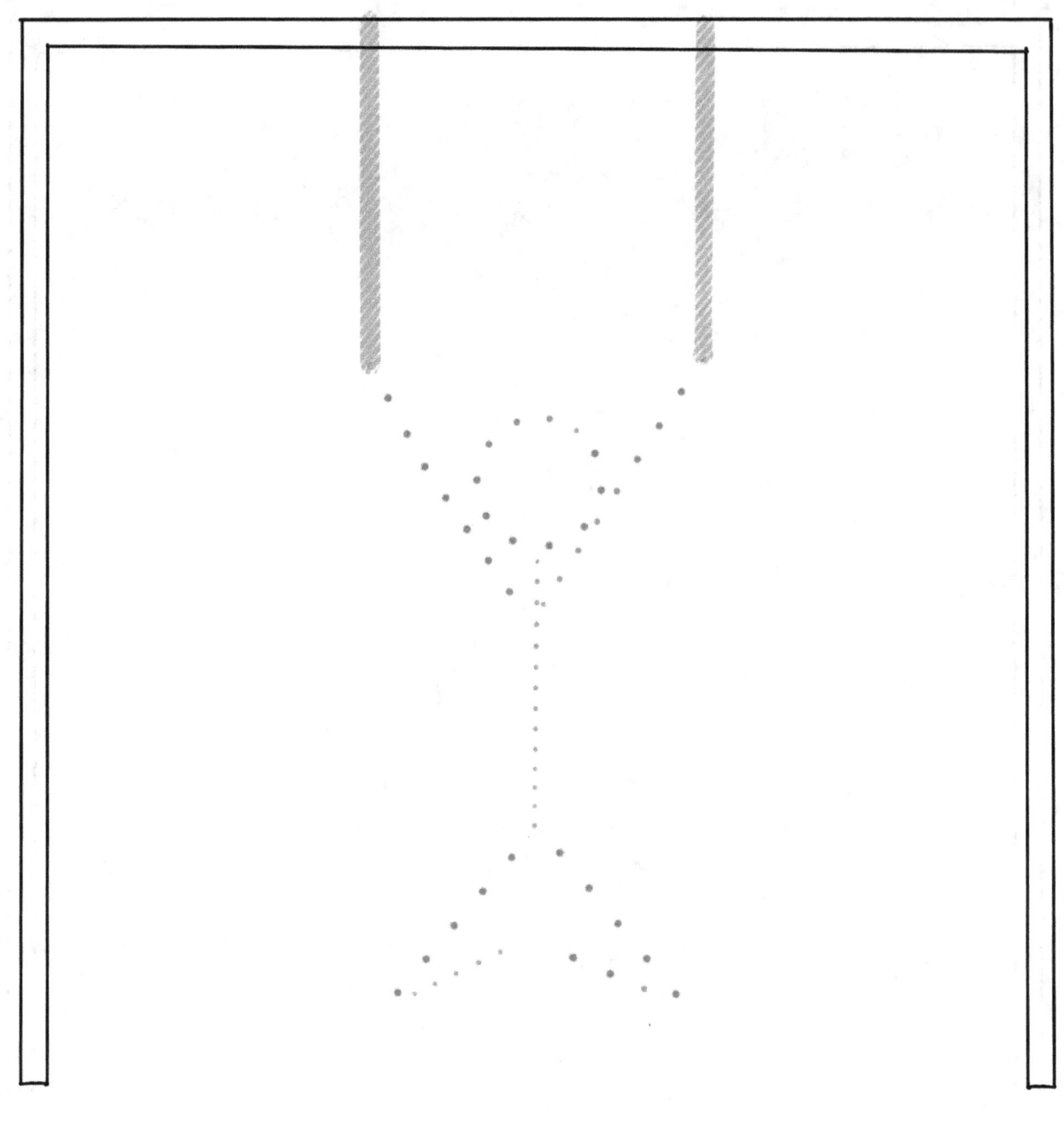

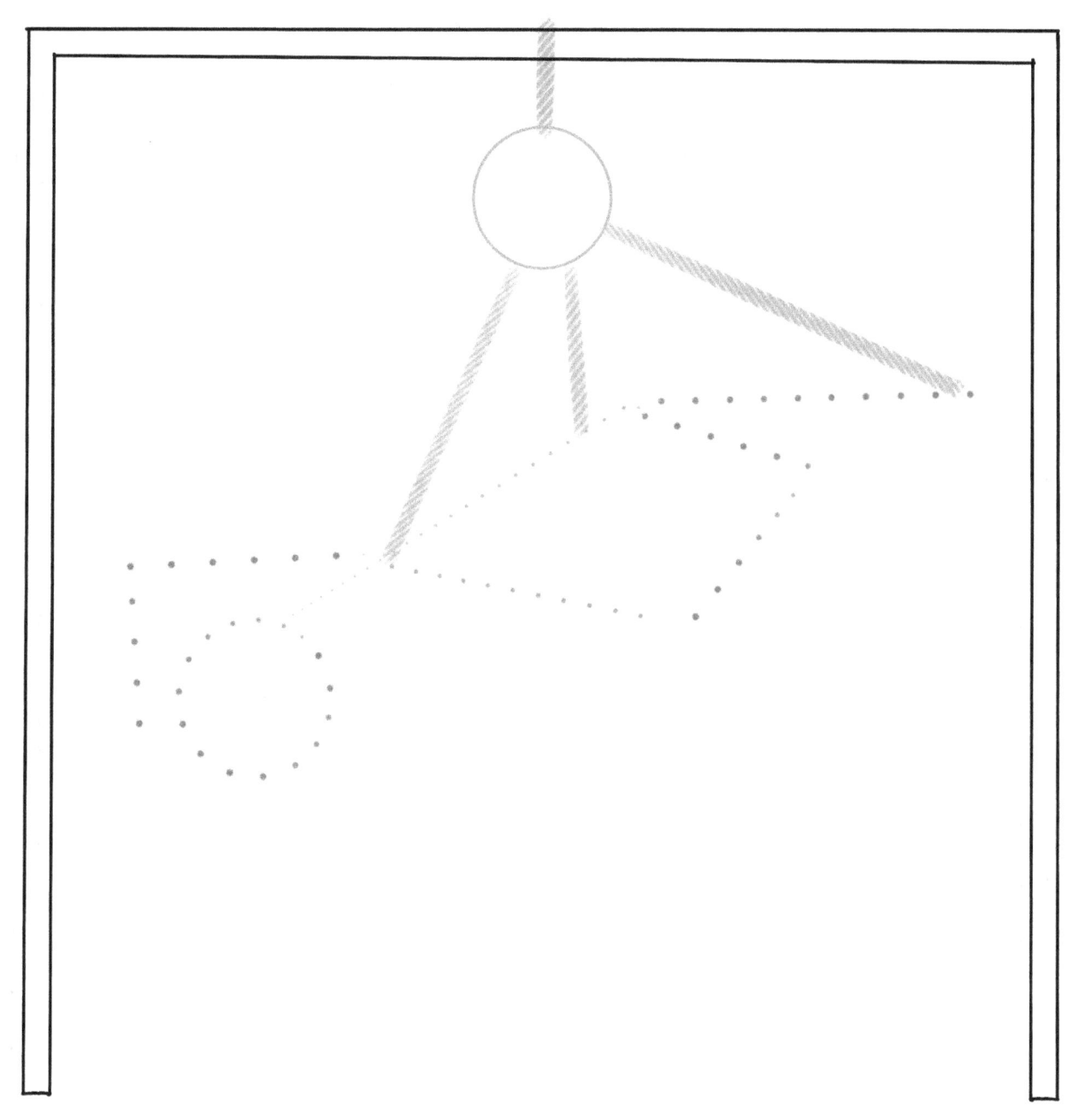

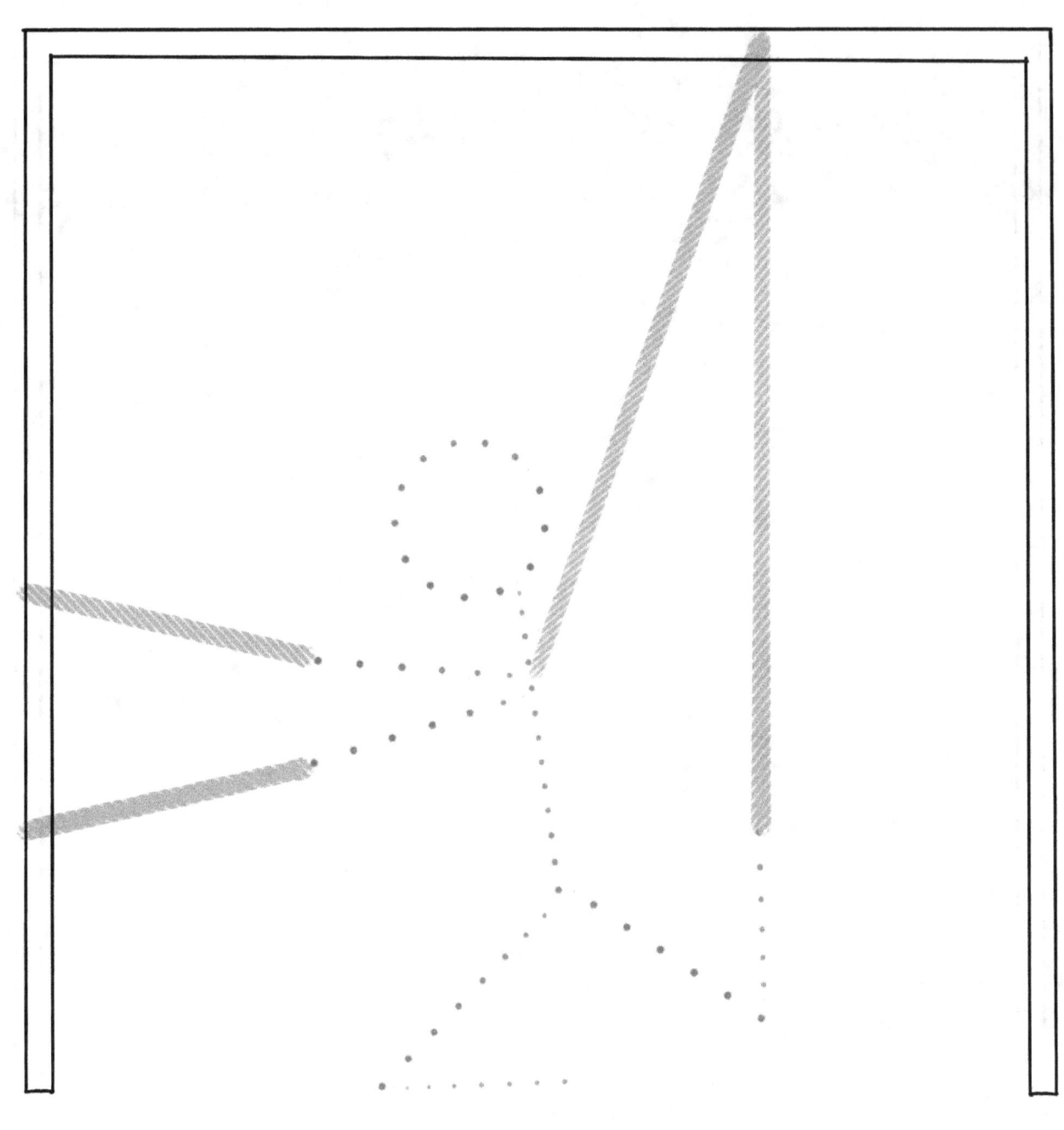

A B C D E F G H I J K L M
N O P Q R S T U V W X Y Z

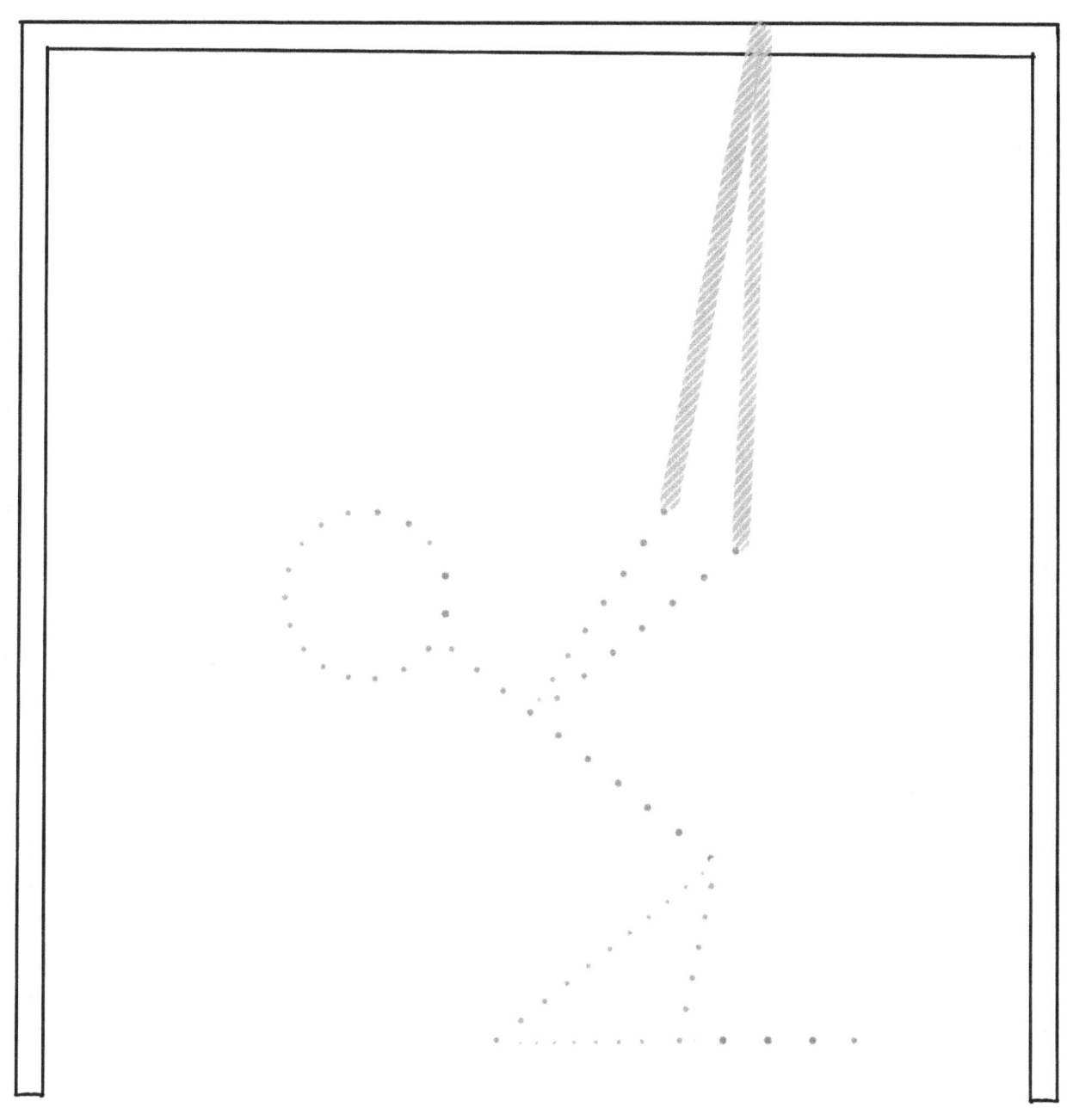

A B C D E F G H I J K L M
N O P Q R S T U V W X Y Z

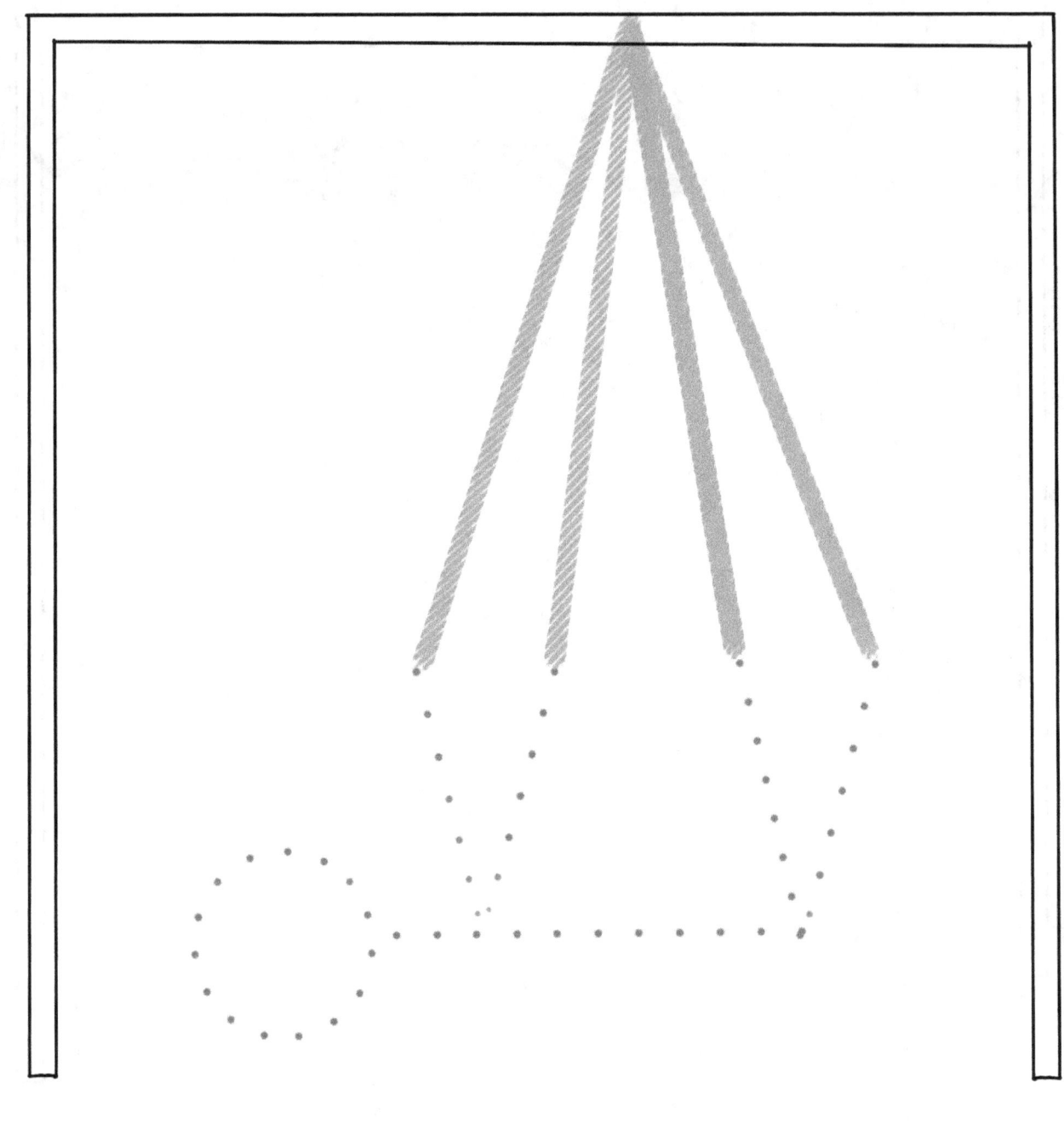

A B C D E F G H I J K L M
N O P Q R S T U V W X Y Z

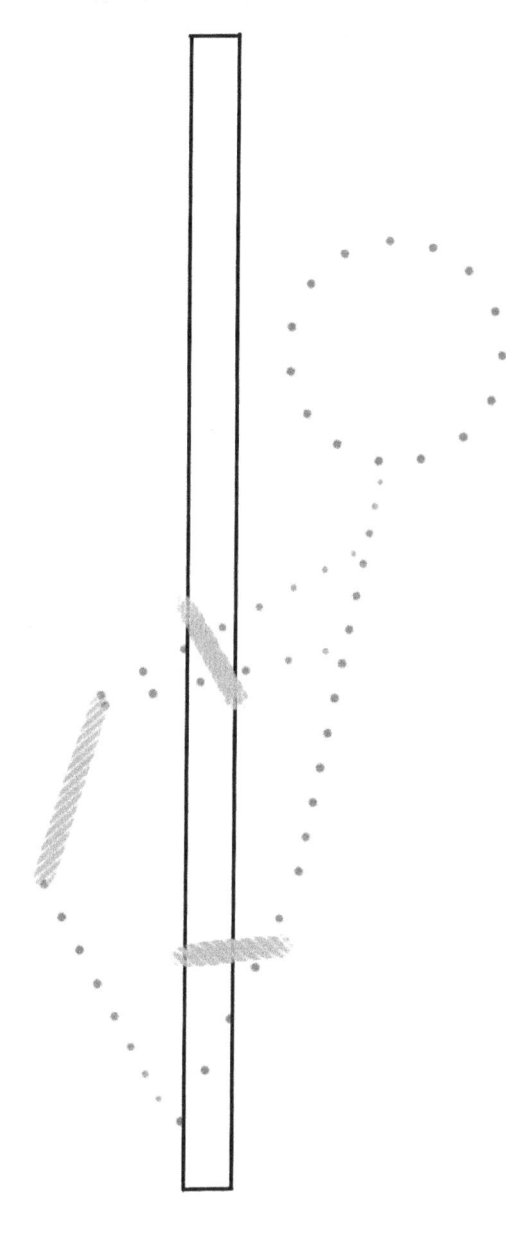

ABCDEFGHIJKLM
NOPQRSTUVWXYZ

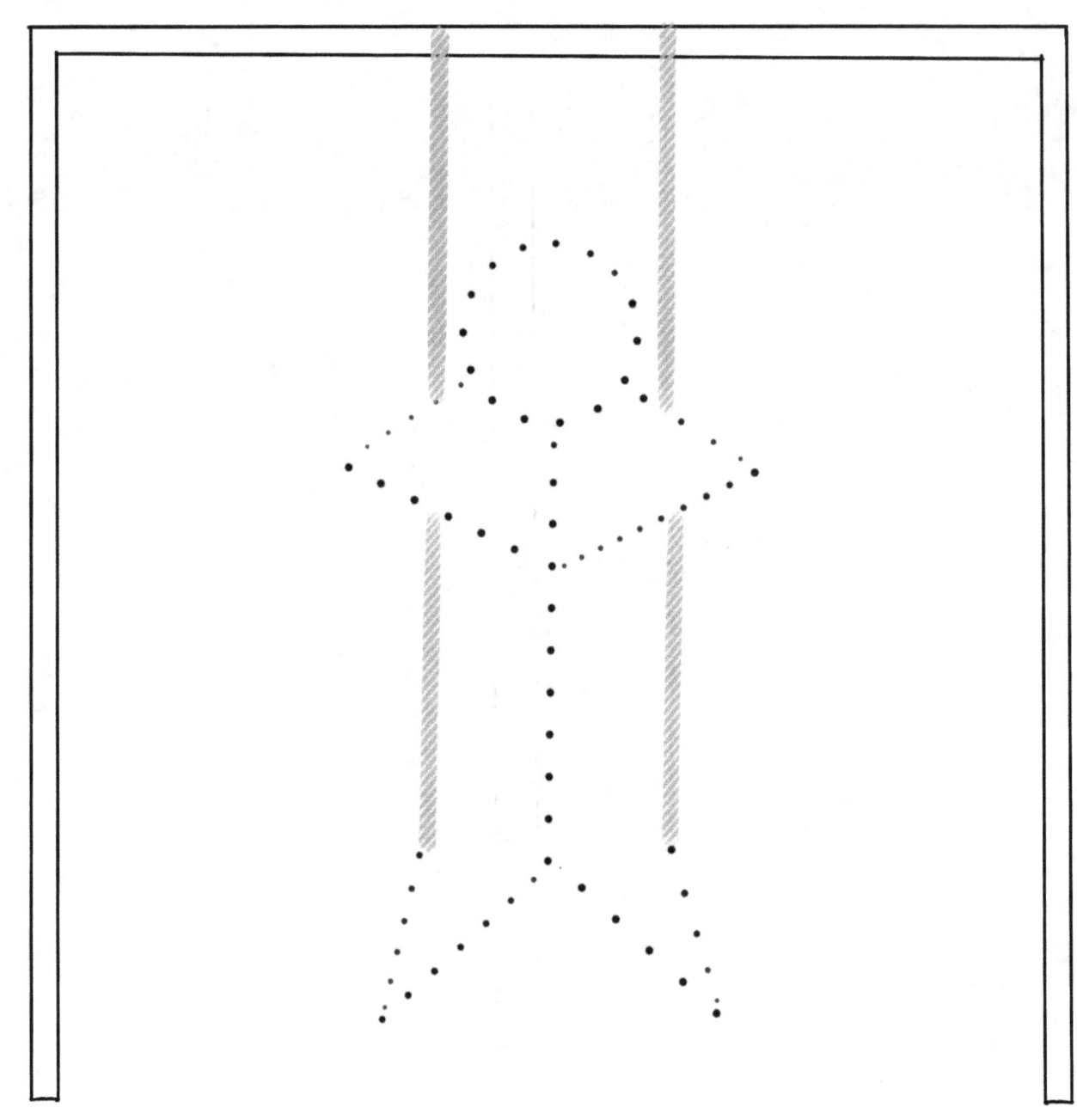

- - - - - - - - - - - - - - -

- - - - - - - - - - - - - - -

A B C D E F G H I J K L M
N O P Q R S T U V W X Y Z

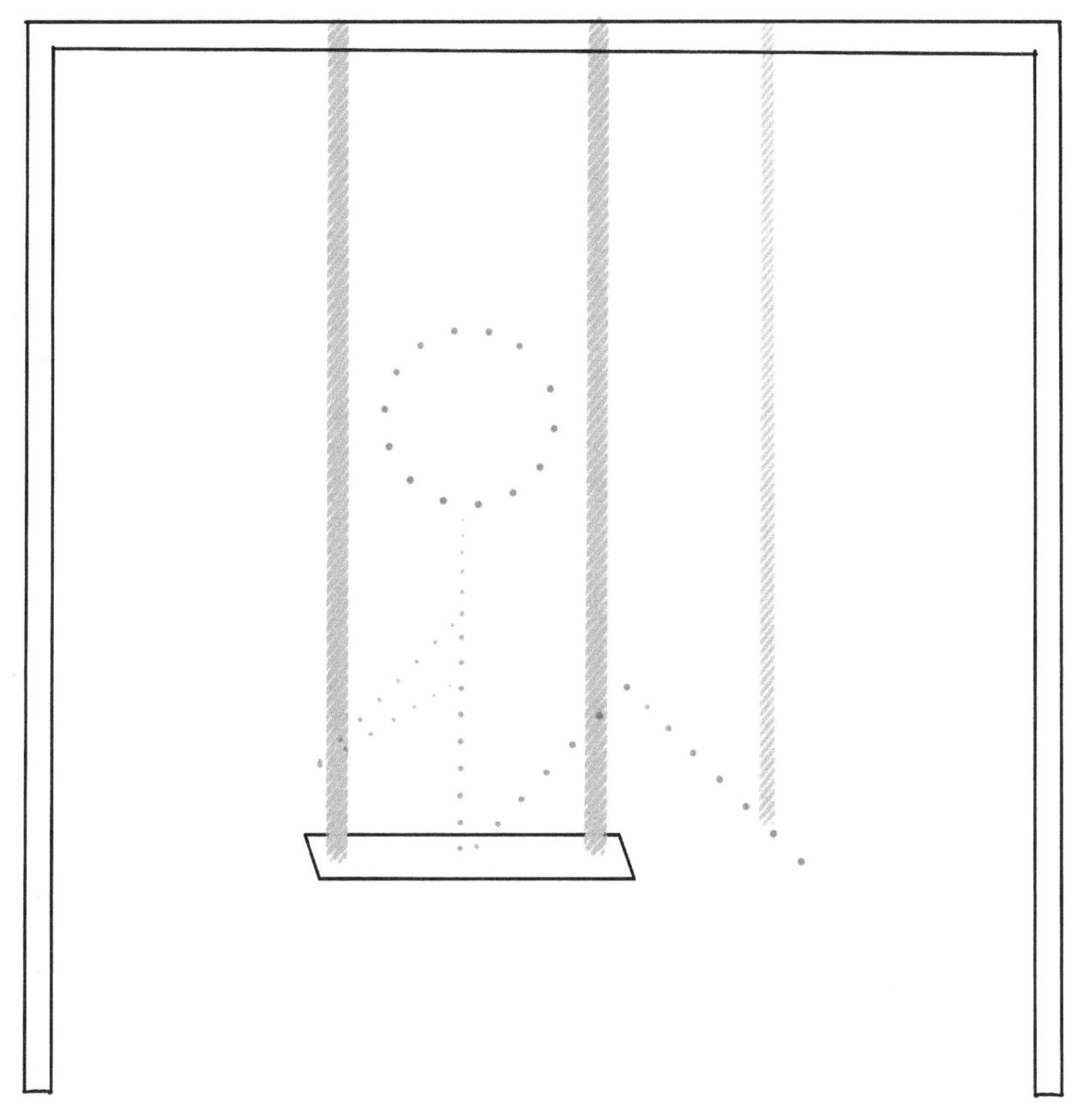

_ _ _ _ _ _

A B C D E F G H I J K L M
N O P Q R S T U V W X Y Z

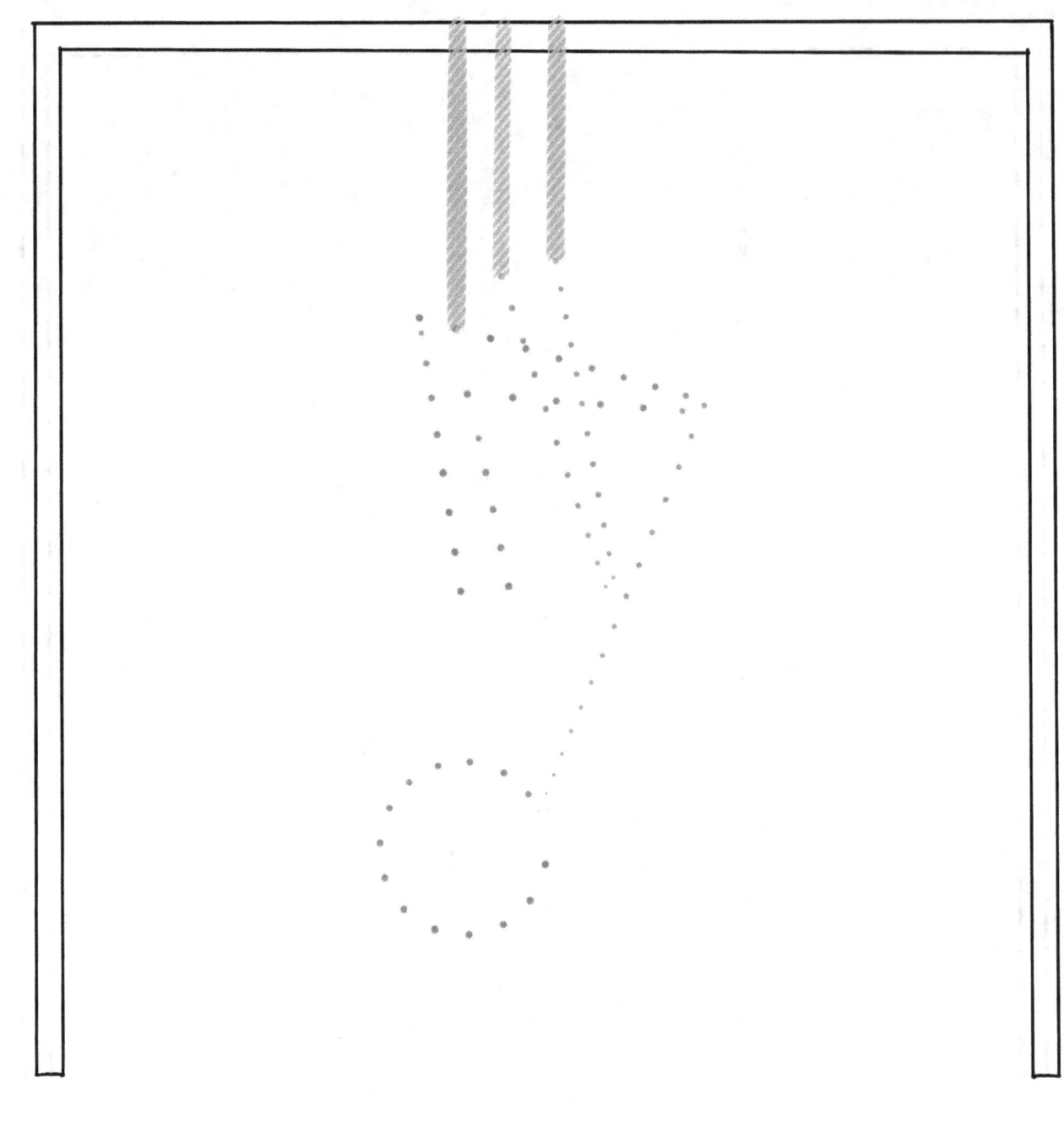

A B C D E F G H I J K L M
N O P Q R S T U V W X Y Z

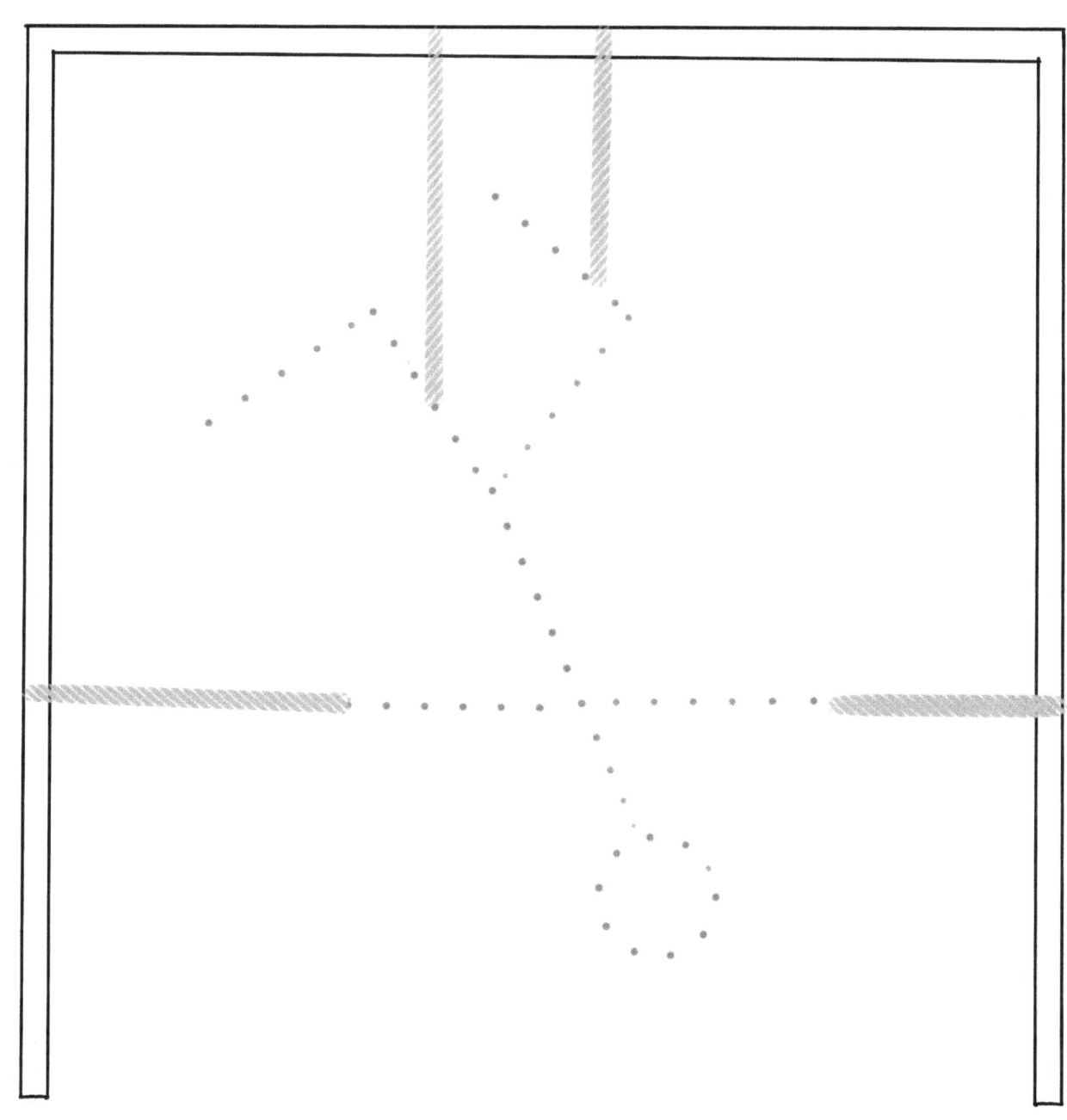

_ _ _ _

A B C D E F G H I J K L M
N O P Q R S T U V W X Y Z

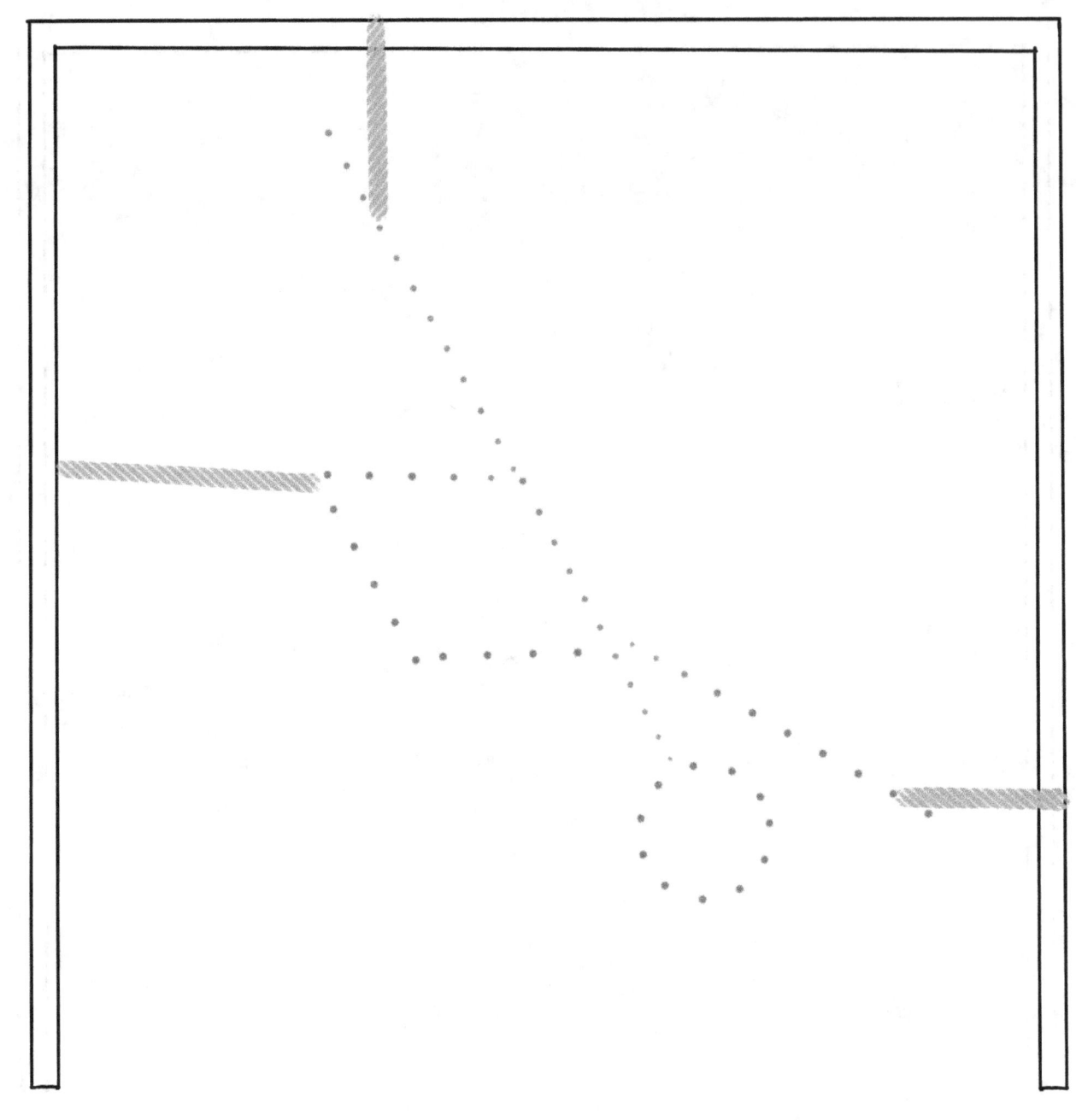

A B C D E F G H I J K L M
N O P Q R S T U V W X Y Z

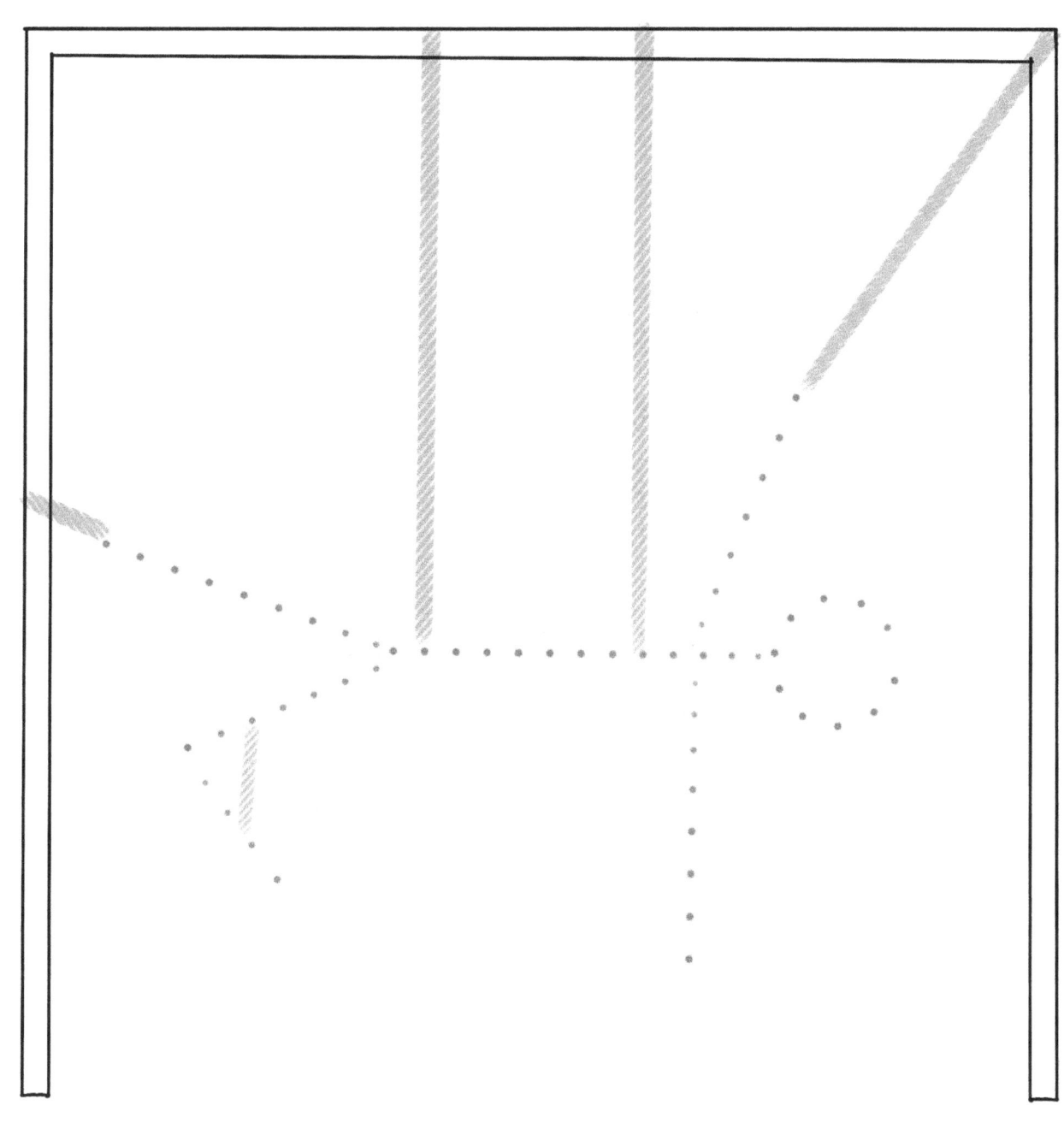

_ _ _ _ _ _ _ _ _ _ _ _ _

A B C D E F G H I J K L M
N O P Q R S T U V W X Y Z

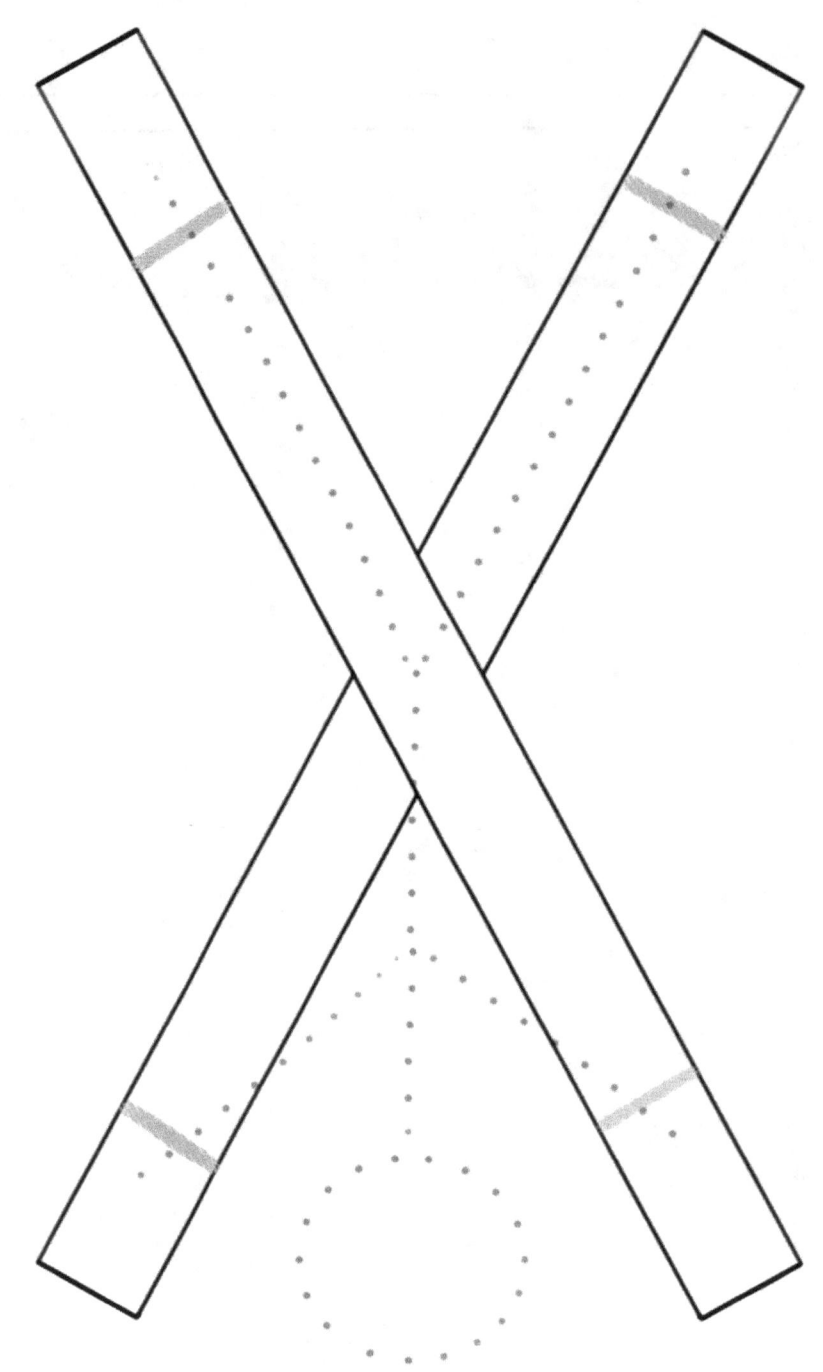

A B C D E F G H I J K L M
N O P Q R S T U V W X Y Z

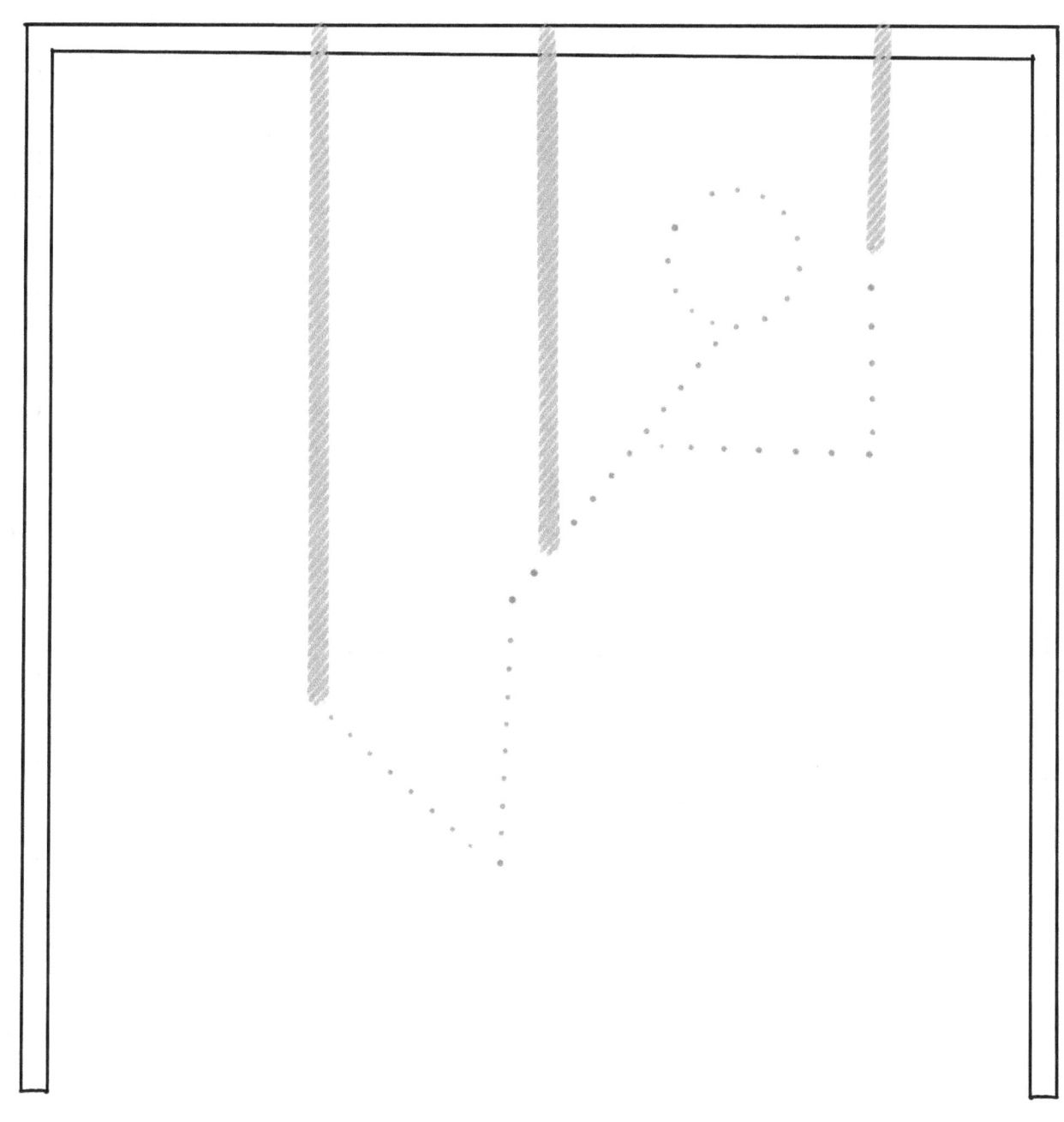

A B C D E F G H I J K L M
N O P Q R S T U V W X Y Z

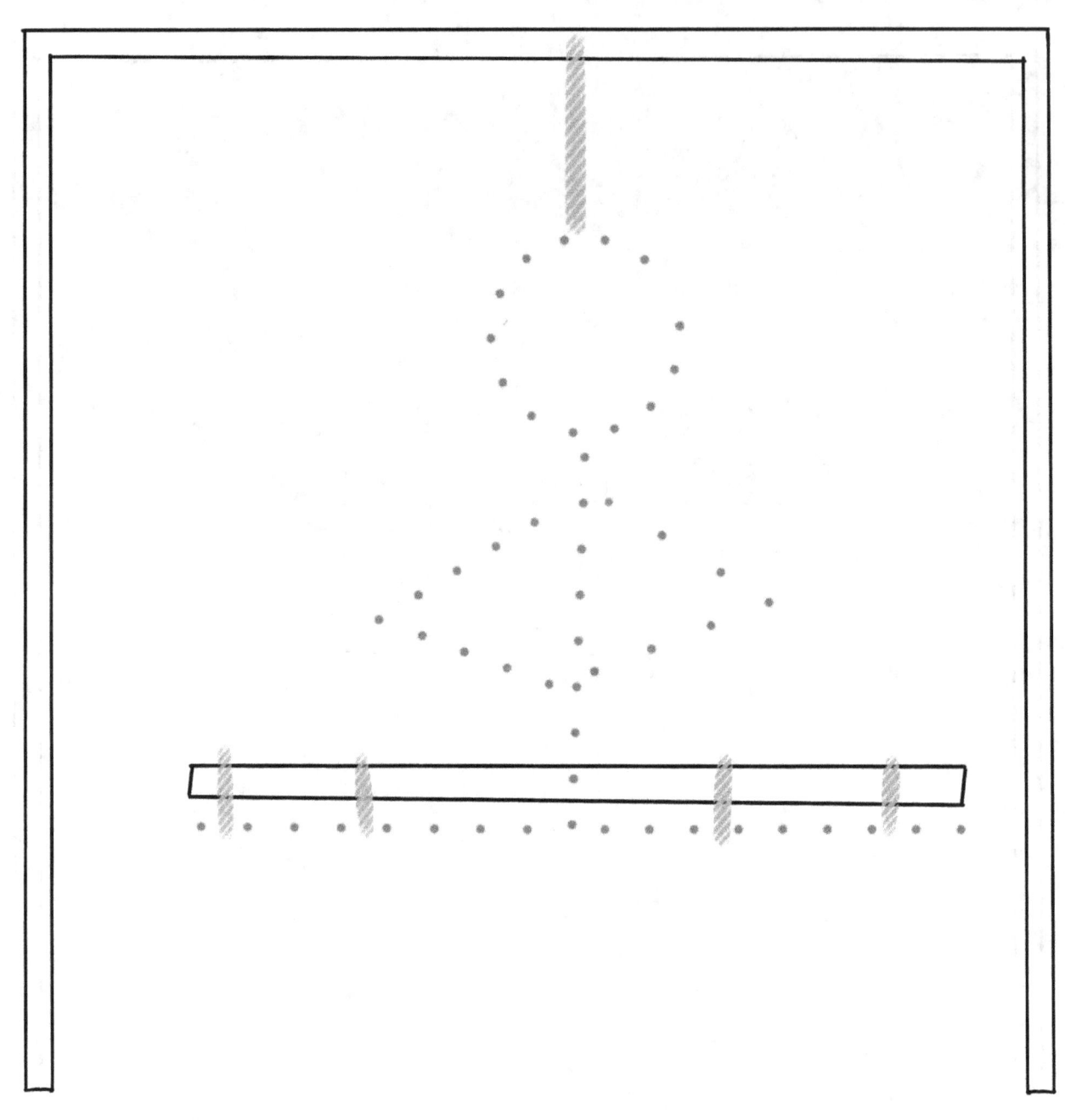

- - - - - - - - - - - -

A B C D E F G H I J K L M
N O P Q R S T U V W X Y Z

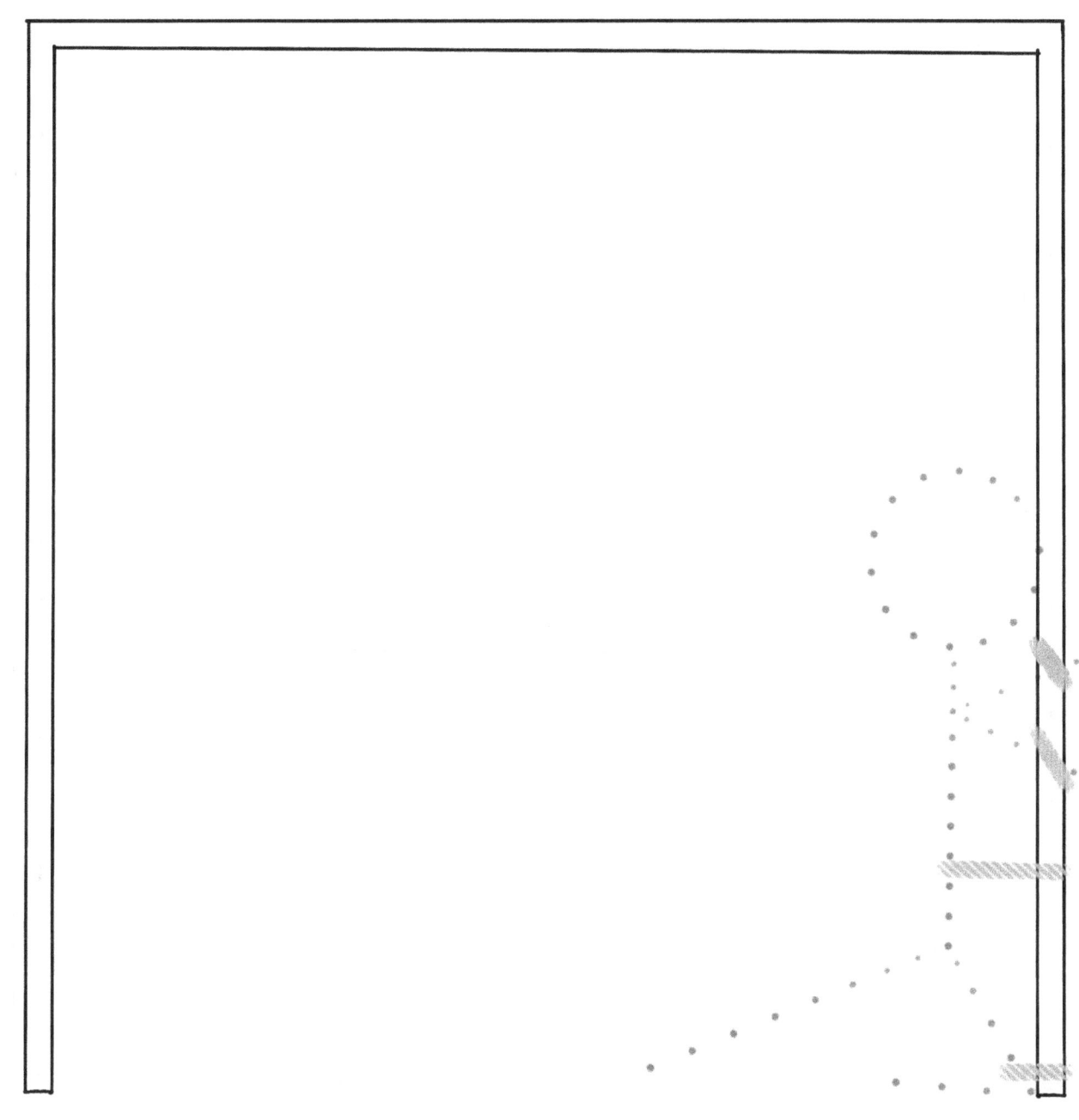

_ _ _ _ _ _

A B C D E F G H I J K L M
N O P Q R S T U V W X Y Z

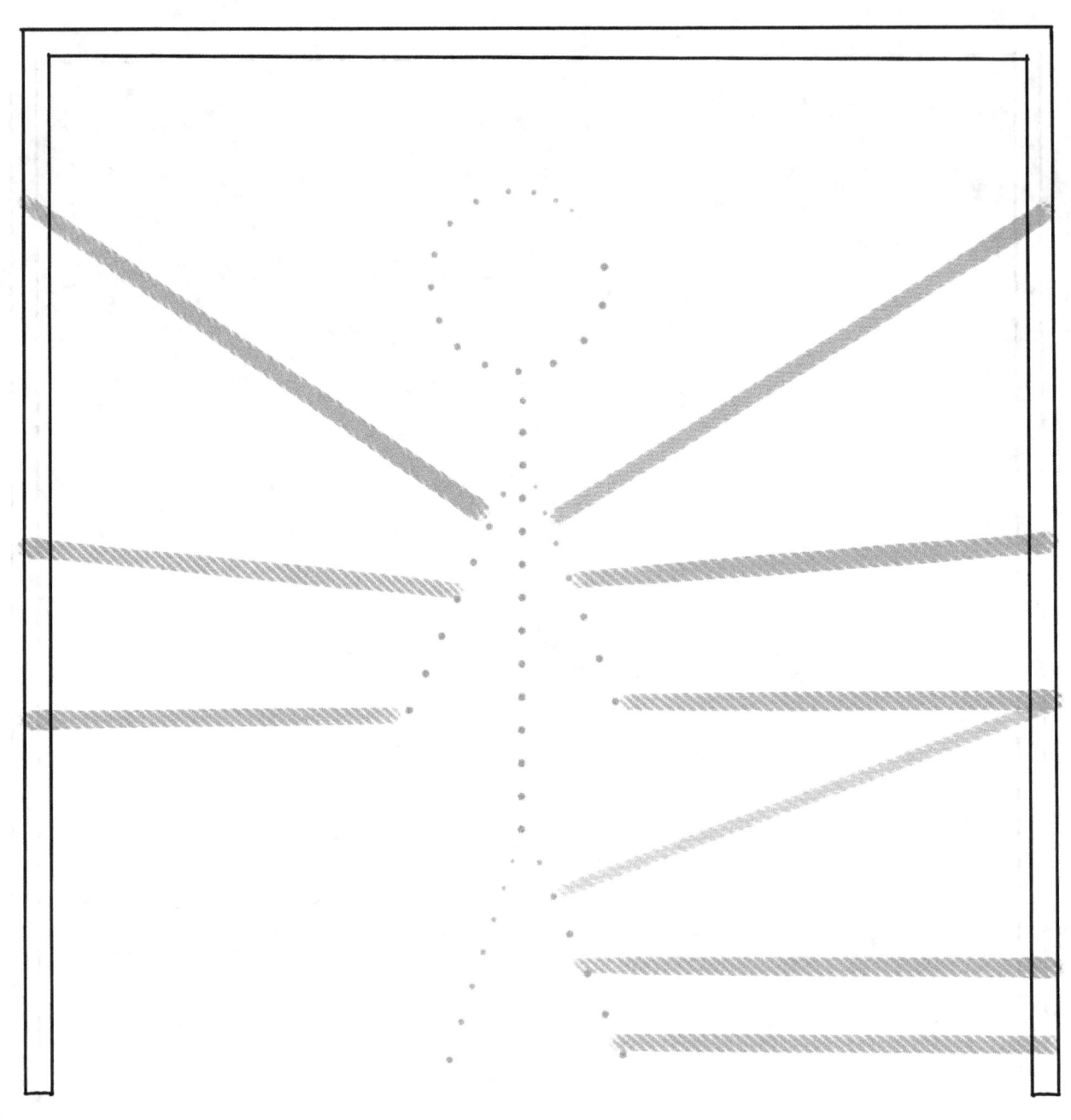

A B C D E F G H I J K L M
N O P Q R S T U V W X Y Z

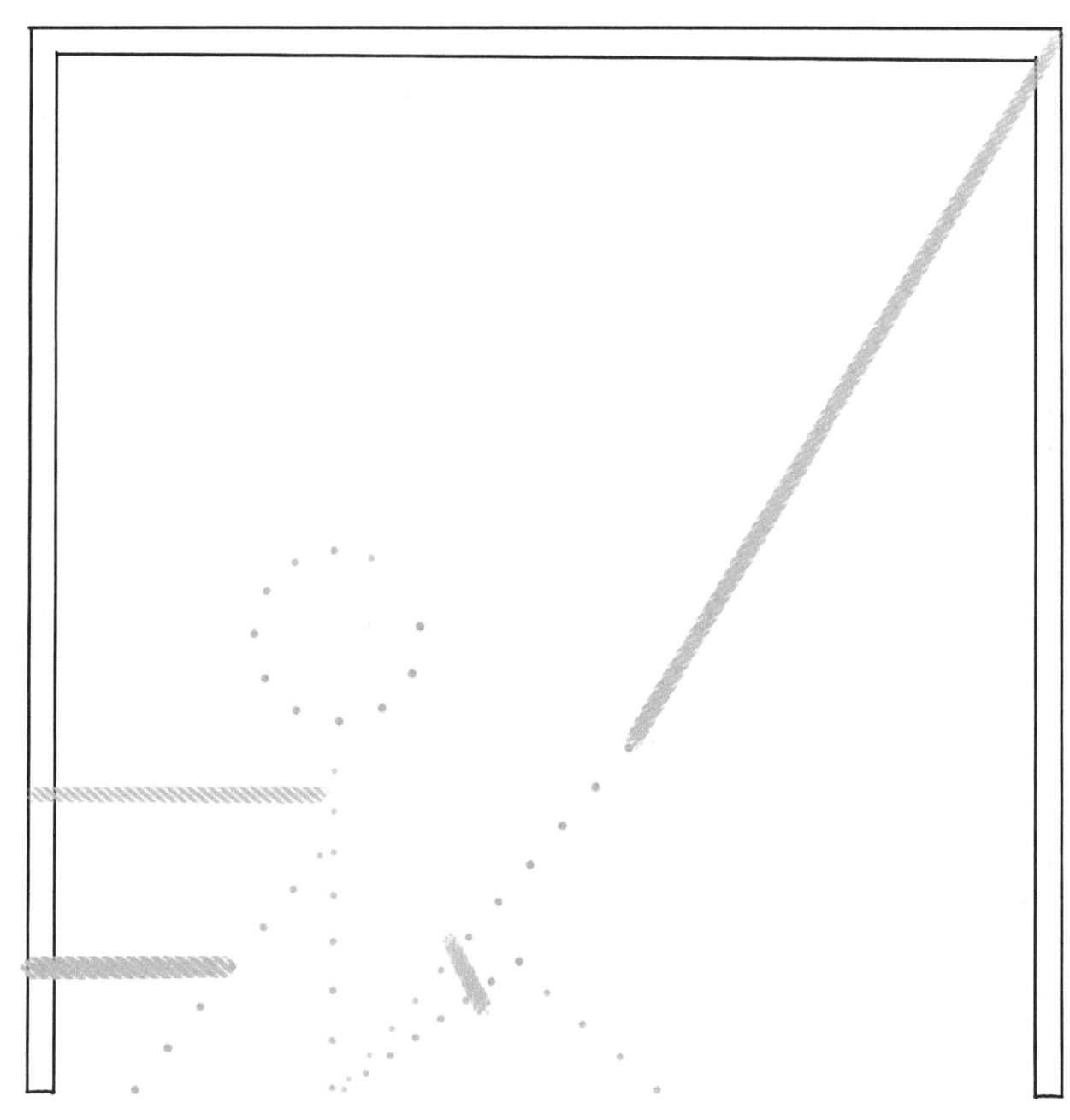

A B C D E F G H I J K L M
N O P Q R S T U V W X Y Z

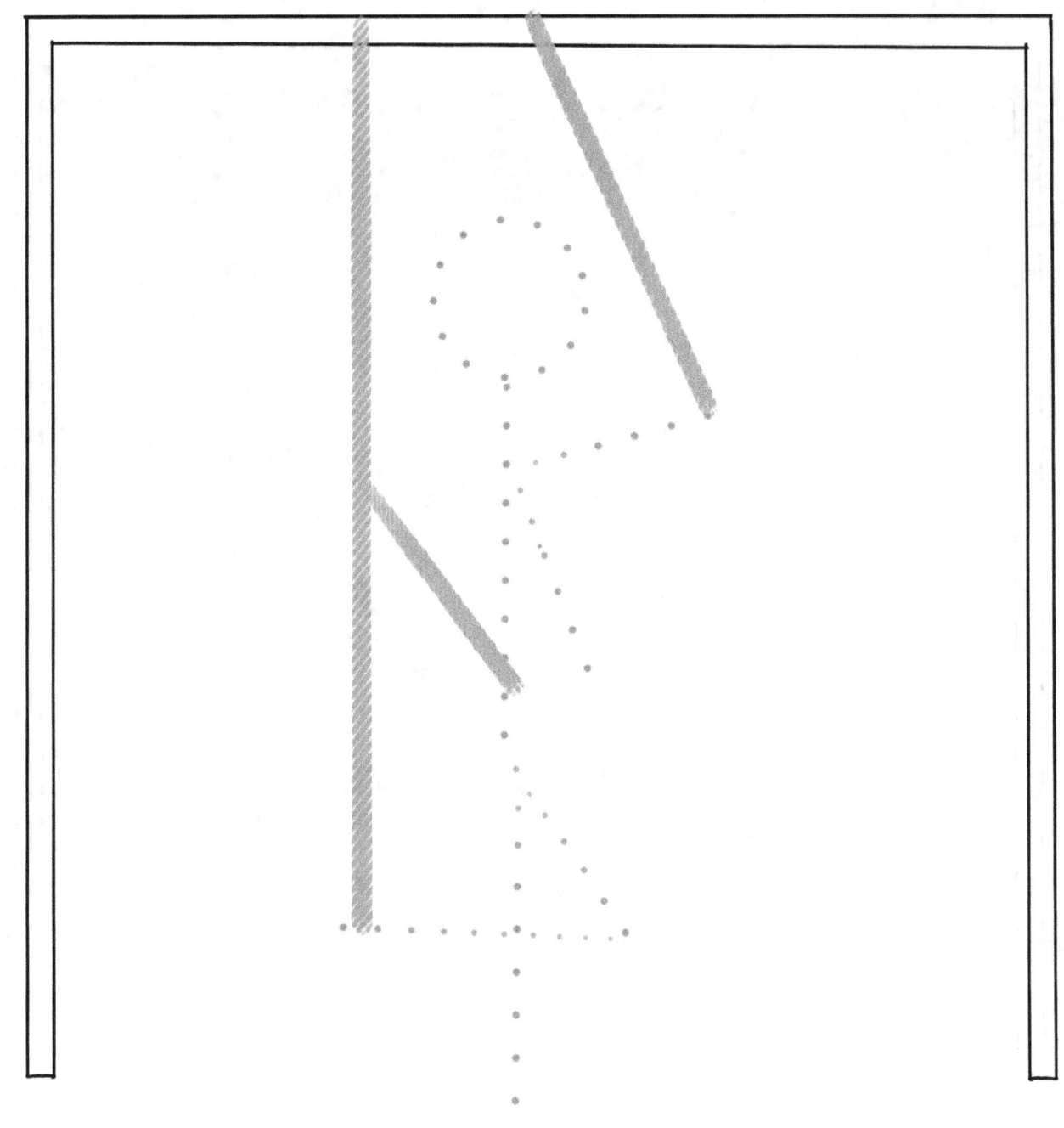

A B C D E F G H I J K L M
N O P Q R S T U V W X Y Z

Please leave a review if you enjoyed this book

THANK YOU!

CHECK OUT MY OTHER BOOK

Kinky letters

A ONE OF THE KIND BDSM COLORING BOOK

OPEN THE CAMERA ON YOUR PHONE PLACE IT OVER THE QR CODE AND WAIT 2 SEC
OR
JUST SEARCH ON AMAZON FOR <u>KINKY LETTERS</u>

Alice Wunderlust/@kinkyart all rights reserved.
No part of this publication may be reproduced, distributed, or transmitted in any form or by any mean, including photocopying, recording, or other electronic methods without prior permission of the publisher, except in the case of brief quotations embodied in critical reviews and certain other noncommercial uses permitted by copyright law.

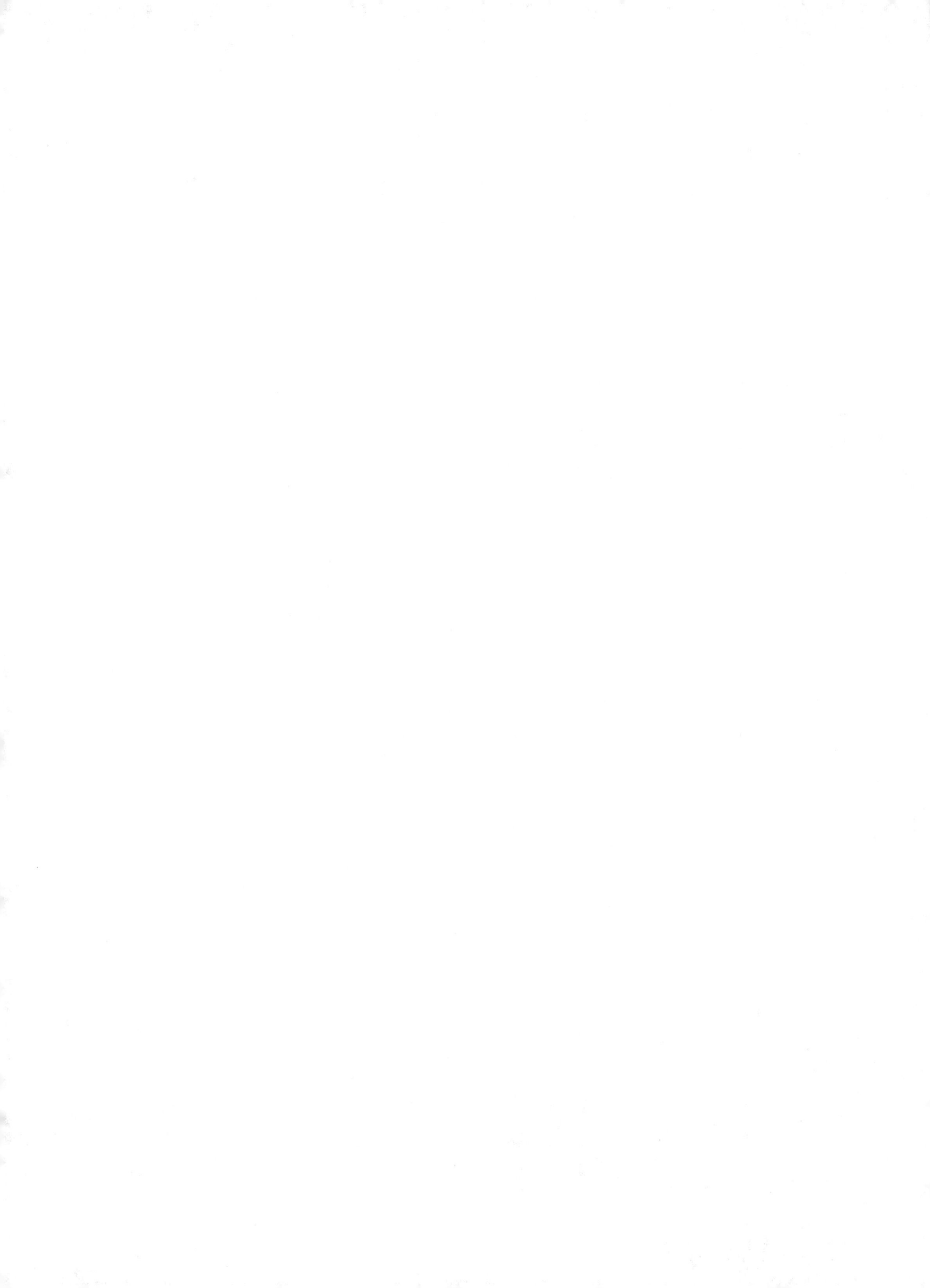